기아
자동차

엔지니어(생산직) 채용대비

입사시험

5회분 실전모의고사

기아자동차 입사시험

5회분 실전모의고사

초판 인쇄　2024년 1월 10일
초판 발행　2024년 1월 12일

편 저 자 ｜ 취업적성연구소
발 행 처 ｜ ㈜서원각
등록번호 ｜ 1999-1A-107호
주　　소 ｜ 경기도 고양시 일산서구 덕산로 88-45(가좌동)
교재주문 ｜ 031-923-2051
팩　　스 ｜ 031-923-3815
교재문의 ｜ 카카오톡 플러스 친구[서원각]
홈페이지 ｜ goseowon.com

우리나라 기업들은 현재까지 비약적인 발전을 이루었다. 이렇게 급속한 성장을 이룰 수 있었던 배경에는 우리나라 국민들의 근면성 및 도전정신이 있었다. 그러나 빠르게 변화하는 세계 경제의 환경에 적응하기 위해서는 근면성과 도전정신 이외에 또 다른 성장 요인이 필요하다.

기업이 지속가능한 성장을 하기 위해서는 혁신적인 제품 및 서비스 개발, 선도 기술을 위한 R&D, 새로운 비즈니스 모델 개발, 효율적인 기업의 합병·인수, 신사업 진출 및 새로운 시장 개발 등 다양한 대안을 구축해 볼 수 있다. 하지만, 이러한 대안들 역시 훌륭한 인적자원을 바탕으로 할 때에 가능하다. 최근 기업체들은 자신의 기업에 적합한 인재를 선발하기 위해 기존의 학벌 위주의 채용에서 탈피하여 기업 고유의 인·적성검사 제도를 도입하고 있다.

기아에서도 업무에 필요한 역량 및 책임감과 적응력 등을 구비한 인재를 선발하기 위하여 고유의 입사시험을 치르고 있다. 본서는 기아 엔지니어(생산직) 채용대비를 위한 도서로 기아 엔지니어(생산직) 입사시험의 출제경향을 철저히 분석하여 응시자들이 보다 쉽게 시험유형을 파악하고 효율적으로 대비할 수 있도록 모의고사 유형으로 구성하였다.

자동차 구조학, 기계기능이해력, 상식(회사상식, 일반상식, 영어) 영역을 모두 반영하여 시험 대비에 실전과 같이 대비할 수 있도록 구성하였다. 또한 회차당 꼼꼼한 해설을 수록하여 해설을 확인하여 오답에 대한 문제를 쉽게 이해될 수 있도록 구성하였다.

신념을 가지고 도전하는 사람은 반드시 그 꿈을 이룰 수 있습니다. 처음에 품은 신념과 열정이 취업성공의 그 날까지 빛바래지 않도록 서원각이 수험생 여러분을 응원합니다.

STRUCTURE

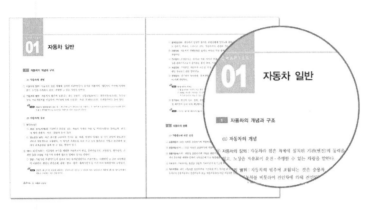

상식 핵심 요약

방대한 양의 자동차 구조학, 기계기능이해력 영역에서 핵심적으로 알아야 할 이론을 체계적으로 정리하였습니다. 또한 핵심이론을 단기간에 학습할 수 있고 한 눈에 파악할 수 있도록 구성하였습니다.

실전 모의고사

출제경향을 분석하고 반영하여 영역별 출제가 예상되는 문제들로 구성하였습니다. 또한 회차당 30문항으로 구성된 총 5회분 실전 모의고사를 수록하여 출제유형을 분석하고 공략할 수 있도록 구성하였습니다.

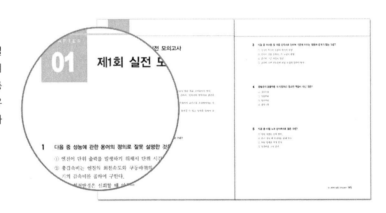

정답 및 해설

매 문제마다 상세하고 이해하기 쉽도록 꼼꼼하게 알려주는 정답 및 해설을 수록하여 효율적인 학습이 가능하고 본인의 취약 부분을 확실하게 보완할 수 있도록 하였습니다.

CONTENTS

자동차 구조학

CHAPTER 01 자동차 일반

1 자동차의 개념과 구조

(1) 자동차의 개념

① **자동차의 정의** : 자동차라 함은 차체에 설치된 기관(엔진)의 동력을 이용하여, 레일이나 가선에 의하지 않고, 노상을 자유로이 운전·주행할 수 있는 차량을 말한다.

② **자동차의 범위** : 자동차의 범주에 포함되는 것은 승용차, 승합자동차(버스), 화물자동차(트럭), 특수자동차, 이륜자동차를 비롯하여 견인차에 의해 견인되는 차량, 트레일러트럭, 트레일러버스 등이 있다.

> **PLUS** 자동차의 범위에 들지 않는 것 … 궤도차와 같이 레일(Rail)을 사용하는 것. 예컨대 트롤리버스(Trolley bus)와 같이 트롤리 케이블(Trolley cable)을 사용하는 것은 포함되지 않는다.

(2) 자동차의 구조

① 보디(body)
  ㉠ **개념** : 보디(차체)란 사람이나 화물을 싣는 객실과 적재함 부분 및 외피(外皮)를 말하는데, 용도에 따라 승용차·버스·화물차 등이 있다.
  ㉡ **모노코크 보디** : 최근 중소형 승용차의 보디는 위, 아래, 옆면이 일체로 된 상자 모양의 모노코크 보디가 일반적으로 사용된다. 이 형식은 프레임을 따로 두고 있지 않으므로 가볍고 견고하며 실내의 유효공간을 넓게 할 수 있는 장점이 있다.

② **섀시** : 섀시(차대)는 자동차의 보디를 제외한 부분으로서 엔진, 동력전달장치, 조향장치, 현가장치, 프레임 등을 포함한 자동차의 주행에 필요한 일체의 장치를 말한다.
  ㉠ **엔진** : 자동차를 주행시키는데 필요로 하는 동력발생장치로 가솔린엔진, 디젤엔진 등 주로 내연엔진이 사용된다. 엔진은 엔진본체, 윤활·연료·냉각·흡배기장치 등 여러 가지 부속장치로 구성된다.

> **PLUS** 엔진은 섀시의 한 부분에 해당하는 장치이지만 이론상 그 범위가 매우 광범위하기 때문에 엔진을 섀시장치에서 별도로 구분하는 것이 일반적이다.

ⓛ **동력전달장치** : 엔진에서 발생한 동력을 주행상태에 알맞도록 변화시켜 구동바퀴에 전달하는 장치로 클러치, 변속기, 드라이브 라인, 자동차기어, 종감속 기어, 차축 등으로 구성된다.

ⓒ **조향장치** : 자동차의 진행방향을 임의로 바꾸기 위한 장치로, 일반적으로 핸들을 돌려서 앞바퀴를 조향한다.

ⓔ **현가장치** : 프레임(또는 보디)과 차축 사이에 완충기구를 설치하여 노면으로부터의 진동이나 충격 등을 완화시킴으로서 승차감을 좋게 하며, 자동차 각 부분의 손상을 방지한다.

ⓜ **제동장치** : 주행중인 자동차의 속도를 감속·정지시키거나 또는 언덕길 등에서 자동차의 주차상태를 유지하기 위한 장치이다.

ⓗ **주행장치** : 섀시에서 동력발생, 동력전달, 조향, 현가, 제동장치를 제외한 것으로 프레임, 휠 등이 이에 해당한다.

> **PLUS** 휠 및 타이어 프레임
> ㉠ 휠 및 타이어 : 하중의 부담, 완충, 구동력과 제동력 등 주행시에 발생하는 여러 응력에 견디는 구조로 되어 있다.
> ㉡ 프레임 : 섀시를 구성하는 각 장치와 보디를 설치하는 뼈대이다. 따라서 프레임은 자동차가 주행중에 받는 충격 등에 충분히 견딜 수 있는 강도와 강성을 가져야 하고 가벼워야 한다.

ⓢ **전기장치** : 엔진의 시동, 점화, 충전 등 지속적인 운전을 위한 전기장치와 안전을 위한 각종 등화 및 계기장치 등이 이에 해당한다.

> **PLUS** 트렁크는 섀시에 해당되지 않는다.

2 자동차의 분류

(1) 사용용도에 따른 분류

① **승용자동차** : 10인 이하를 운송하기에 적합하게 제작된 자동차를 말한다.

② **승합자동차**(버스) : 11인 이상을 운송하기에 적합하게 제작된 자동차를 말한다.

③ **화물자동차**(트럭) : 화물을 운송하기에 적합한 화물적재공간을 갖추고, 화물적재공간의 총적재화물의 무게가 운전자를 제외한 승객이 승차공간에 모두 탑승했을 때의 승객의 무게보다 많은 자동차를 말한다.

④ **스포츠카** : 스포츠카는 운전을 일종의 스포츠로서 즐기는데 목적을 둔 자동차를 말한다.

⑤ **특수자동차** : 다른 자동차를 견인하거나 구난작업 또는 특수한 용도로 사용하기에 적합하게 제작된 자동차로서 승용자동차나 승합자동차 또는 화물자동차가 아닌 자동차를 말한다.

⑥ 이륜자동차 : 총배기량 또는 정격출력의 크기와 관계없이 1인 또는 2인의 사람을 운송하기에 적합하게 제작된 이륜의 자동차 및 그와 유사한 구조로 되어 있는 자동차를 말한다.

(2) 형태에 따른 분류

① 세단 : 좌석이 앞·뒤 2열로 설계되어 있으며 4 ~ 6인승으로 4도어, 3도어, 2도어로 구분되나 4도어가 주종을 이룬다.

② 쿠페 : 세단보다 단조롭고 2인승 2도어가 주종을 이루는데, 스포츠카가 이에 속한다.

③ 리무진 : 보통승용차보다 고급용으로 쓰이고 운전석과 승객실 사이가 구분되어 있으며, 7 ~ 8인승이 주종을 이룬다.

④ 스테이션 왜건 : 승객과 화물을 겸용할 수 있는 형태로서 뒷좌석 후미를 늘려서 화물을 적재할 수 있도록 화물실과 뒷문이 달려 있다.

⑤ 코치버스 : 대부분의 버스가 이 부류에 속하며 엔진이 차체의 뒷부분에 설치되어 있다.

⑥ 코치·밴 : 적은 승객과 가벼운 화물을 나르는데 사용되며 뒷좌석은 의자를 접어서 화물실로 사용할 수 있도록 제작되어 있다.

⑦ 보닛형 트럭 : 운전대가 엔진실 뒤에 있는 형으로 엔진의 점검 등에 유리하다.

⑧ 캡 오버형 트럭 : 엔진이 운전석 아래에 위치하여 보닛형 트럭보다 화물실을 넓게 사용할 수 있으며, 현재 생산되는 트럭은 거의 캡 오버형이다.

⑨ 밴형 트럭 : 화물실을 밀폐시킨 형태로서 우편 배달트럭이 이에 속한다.

⑩ 픽업형 트럭 : 소형트럭으로 사용된다.

(3) 엔진과 구동방식에 따른 분류

① 앞 엔진 앞바퀴 구동식(FF구동식 : front engine front drive type) : 기관, 클러치, 트랜스액슬(변속기 +종감속기어 및 차동기어) 등이 앞쪽에 설치된 형식으로서, 앞바퀴가 구동 및 조향바퀴가 된다.
   ㉠ 장점
     • 추진축이 필요 없으므로 바닥이 편평하게 되어 거주성이 좋다.
     • 동력전달거리가 단축된다.
     • 선회 및 미끄러운 노면에서 주행 안전성이 크다.
     • 적차시 앞뒤 차축의 하중분포가 비교적 균일하다.
     • 뒤차축이 간단하다.

ⓒ 단점
- 앞차축의 구조가 복잡하다.
- 기계식 조향일 경우 핸들의 조작에 큰 힘이 필요하다.
- 브레이크 조작시 하중이 앞으로 쏠리므로 앞 타이어와 패드의 마모가 비교적 크다.
- 고속 선회에서 언더스티어링(U.S : under steering)현상이 발생된다.

② 앞 엔진 뒷바퀴 구동식(FR 구동식 : front engine rear drive type) : 자동차의 앞쪽에 기관, 클러치, 변속기가 설치되고 뒤쪽에는 종감속기어 및 차동 기어장치, 차축, 구동바퀴를 두고 앞쪽과 뒤쪽 사이에 드라이브라인으로 연결한 방식이다.

ⓐ 장점
- 앞차축의 구조가 간단하다.
- 적차 상태에 따라 전후 차축의 하중분포의 편차가 적다.
- FF방식보다 앞 타이어와 패드의 마모가 적다.

ⓒ 단점
- 긴 추진축을 사용하므로 차실 내의 공간 이용도가 낮다.
- 공차상태에서 빙판길이나 등판 주행시 뒷바퀴가 미끄러지는 경향이 있다.
- 긴 추진축을 사용하므로 진동 발생(휠링 : whirling)과 에너지 소비량이 FF방식에 비하여 많다.

③ 뒤 엔진 뒷바퀴 구동식(RR구동식 : rear engine rear drive type) : 기관과 동력전달장치가 뒤쪽에 설치된 형식으로서 뒷바퀴에 의해 구동된다.

ⓐ 장점
- 앞차축의 구조가 간단하며 동력전달 경로가 짧다.
- 언덕길 및 미끄러운 노면에서의 발진성이 용이하다.

ⓒ 단점
- 변속 제어기구의 길이가 길어진다.
- 기관 냉각이 불리하다.
- 고속 선회시 오버 스티어링(over steering)이 발생된다.
- 미끄러운 노면에서 가이드 포스(guide force)가 약하다.

④ 뒤 엔진 앞 구동식(RF구동식 : rear engine front drive type) : 자동차의 뒷부분에 기관을 장착하고 앞바퀴를 구동하는 방식으로 이 방식은 거의 채용하지 않는다.

⑤ 전륜 구동방식(4WD : 4-wheel drive type) : 자동차의 앞부분에 기관과 변속기를 장착하고 앞, 뒷바퀴를 구동시키는 방식으로 그 특징은 구동력이 커서 산악로, 진흙길, 험로 주행시 탁월한 효과를 발휘한다.

3 자동차의 발달과 제원

(1) 자동차의 발달과 주요 역사

• 1480년경 레오나르도 다빈치가 태엽 자동차를 고안하였다.

• 1770년 프랑스의 N. J. 퀴뇨는 역사상 처음으로 기계의 힘에 의해 달리는 증기자동차를 제작했고, 1886년 고트리브 다임러가 세계 최초로 가솔린 4륜차를 발명했다.

• 1889년에는 세계 최초의 자동차 회사(파나르 르바소스)가 설립 되었고, 1898년 제1회 파리 모터쇼가 개최되었다.

• 1908년 미국의 헨리 포드가 처음으로 자동차의 대량 생산방식을 도입하였다.

• 1996년 제너럴모터스(GM)사가 세계 최초로 전기자동차(EV-1)를 시판하였다.

(2) 자동차의 제원

① 제원이란 자동차에 대한 전반적인 치수, 무게, 기계적인 구조, 성능 등을 일정한 기준에 의거하여 수치로 나타낸 것을 말한다.

② 전장 · 전폭 · 전고
 ㉠ **전장(옆면)** : 자동차의 중심과 접지면이 서로 평행하게 하여 측정한 치수로서 앞뒤범퍼 및 후미전등과 같은 부속물이 포함되는 차량의 최대길이를 말한다.
 ㉡ **전폭(앞면)** : 자동차의 가장 넓은 폭의 수평거리로서 사이드미러는 포함되지 않는다.
 ㉢ **전고(높이)** : 자동차의 접지면에서 가장 높은 곳까지의 수직거리이다.

③ 축거와 윤거
 ㉠ **축거(축간거리)** : 자동차의 앞차축 중심과 뒤차축 중심간의 수평거리로서 자동차의 회전반경을 결정한다.
 ㉡ **윤거(바퀴간의 거리)** : 윤거는 바퀴 간의 거리로 트레드라고도 표현하며 좌우 타이어의 접지면 중심 사이의 거리이다. 좌우 타이어가 지면을 접촉하는 지점에서 좌우 두 개의 타이어 중심선 사이의 거리라고 할 수 있다.

④ 앞오버행과 뒤오버행
 ㉠ **앞오버행** : 앞바퀴 중심에서 자동차 앞부분까지의 수평거리를 말한다.
 ㉡ **뒤오버행** : 뒷바퀴 중심에서 자동차 뒷부분까지의 수평거리를 말한다.

⑤ 차량 중량

　　㉠ 정의 : 자동차의 공차상태에서 측정된 무게를 말한다.

　　㉡ 공차상태 : 자동차가 정상적으로 수행할 수 있는 상태, 즉 연료 · 오일 · 냉각수 등 운행에 필요한 제 규정량을 다 갖춘 상태를 말한다.

　　🪐 **PLUS** 운전자 · 화물 · 예비공구 · 예비타이어 등 부속물은 포함되지 않는다.

⑥ **최대 적재량** : 자동차의 공차상태에서 적재할 수 있는 최대 적재량의 무게를 말하며, 안전운행에 지장을 주지 않는 한도 내로 규정되어 있다.

⑦ **차량 총 중량** : 탑승자와 화물 등 최대 적재량을 실었을 때 자동차의 총 무게를 말한다. 이때 법령으로 총 중량이 20t을 초과하지 못하도록 규정하고 있다.

4　자동차 상식

(1) 주요 용어

① **구동력과 주행저항**

　　㉠ **구동력** : 자동차를 추진시키는 힘을 말한다.

　　㉡ **주행저항** : 자동차가 구동력을 받아서 주행할 때 주행을 방해하는 힘을 말한다.

② **제동거리와 공주거리**

　　㉠ **제동거리** : 자동차가 주행 중 제동장치의 제동력을 받아 감속이 시작되는 시점부터 정지할 때까지의 거리를 말한다.

　　㉡ **공주거리** : 운전자가 자동차를 정지하려고 생각하고 브레이크를 걸려는 순간부터 실제로 브레이크가 걸리기 직전까지의 거리를 말한다.

　　㉢ **정지거리** : 제동거리에 공주거리를 합한 거리를 말한다.

③ **배기량과 마력**

　　㉠ **배기량** : 엔진(기관)의 실린더 내에서 배출되는 용적을 말한다. 즉 실린더 내의 피스톤이 하사점에서 상사점까지 이동하면서 배출되는 동작을 말하며, 주로 엔진의 크기를 나타낸다.

　　㉡ **마력** : 마력은 일의 크기를 표시하는 것으로 일정한 시간 내에 얼마의 일을 할 수 있는가를 나타낸 것이다. 1초 동안에 75kg · m의 일을 1마력이라 한다.

　　㉢ **회전력** : 자동차의 핸들을 돌리거나 볼트를 조이거나 회전시킬 때 필요한 힘을 말한다.

PLUS 가속도 … 자동차가 주행을 시작한 후 계속 빨라지는 것과 같이 속도가 시간의 경과와 더불어 증가하는 비율을 말한다.

④ **연료 소비율(연비)**: 연료 1리터(ℓ)로 주행할 수 있는 킬로미터 수를 말한다. 연료소비율은 열효율과 반비례하므로 이 값이 작을수록 열효율은 높아지는 특성이 있다.

⑤ **배기량**: 엔진의 크기를 나타내는 가장 일반적인 척도로 엔진 기관 실린더 내의 흡입 또는 배기된 혼합기의 용적을 말한다. 보통 cc로 나타내며 대한민국에서는 배기량이 자동차세의 과세 기준이 된다.

⑥ **최대출력**: 자동차 엔진의 성능을 나타내는 대표적인 수치로 엔진회전수가 몇 회전일 때 최고 몇 마력이 되는지를 나타낸다. 최대출력은 보통 자동차가 출발한 이후 가속을 하는 데 필요하다.

⑦ **토크**: 엔진이 회전하려는 힘으로 엔진회전력이라고도 하고, 자동차의 견인력, 등판력, 경제성 등을 의미하는 수치이다. 보통 토크는 자동차가 출발하면서 필요한 힘을 얻는 데 필요하다.

⑧ **에코드라이빙(eco driving)**: 연료를 절약하고 이산화탄소 배출을 줄이는 친환경 운전법을 말한다.

(2) 기본 상식

① **타이어 공기압 과다**
　　㉠ 타이어 중앙부분이 빠르게 마모된다.
　　㉡ 높은 압력으로 접지면적이 줄어들어 그립이 감소한다.
　　㉢ 노면의 충격을 흡수하지 못해 승차감이 나빠진다.
　　㉣ 핸들이 가벼워진다.

② **타이어 공기압 과소**
　　㉠ 타이어가 흡수하는 충격량이 많아져 승차감이 다소 좋아진다.
　　㉡ 타이어의 과다 운동으로 발열이 증가하고 심한 경우 타이어 형태를 잡아주는 코드와 고무 자체가 손상된다.
　　㉢ 접지면적이 넓어져 타이어의 구름저항이 커지므로 연비가 줄어든다.

③ **냄새로 차량 진단**
　　㉠ 고무 녹는 냄새: 전기 배선 이상
　　㉡ 기름 타는 냄새: 엔진오일 누유
　　㉢ 달착지근한 냄새: 냉각수 누출
　　㉣ 종이 타는 냄새: 브레이크 페드 또는 라이닝의 비정상적 마모
　　㉤ 휘발유 냄새: 연료 누출

④ **환경친화적 자동차** : 에너지 소비효율이 산업자원부에서 정한 기준에 적합하고, 대기환경보전법에 따른 무공해 및 저공해 자동차에 해당하는 자동차로서 전기자동차, 태양광자동차, 하이브리드자동차 또는 연료전지자동차 등을 말한다.

⑤ **하이브리드자동차** : 내연기관 엔진과 전기모터를 결합한 형태의 자동차로 이산화탄소 배출로 인한 공해와 석유자원고갈 문제에 대응하여 개발되고 있다. 하이브리드자동차는 가속 및 등판 시 엔진과 전기모터가 적절한 힘의 분배를 하여 연료 소모량을 줄이고, 감속 시 배터리를 자동으로 충전하여 전기에너지를 생산하며, 정차 시 엔진이 자동으로 정지되어 연료소모량을 줄이는 것을 원리로 하고 있다. 이러한 원리로 연비 효율이 뛰어나고 친환경적이라는 장점이 있지만, 차량에 탑재되는 엔진과 전기모터 및 대용량 배터리로 인하여 차체가 무겁다는 것과 가격이 비싸다는 단점이 있다.

CHAPTER 02 엔진

1 자동차 엔진 일반

(1) 엔진의 형식

① 엔진의 구성 : 엔진본체, 실린더, 실린더 헤드, 밸브

② 열 엔진 : 동력의 모체를 열에너지로 하며, 이 열에너지를 기계적 에너지(일)로 변화시켜 동력을 발생시키는 기계적 장치를 말한다.

(2) 내연엔진과 외연엔진

① 내연엔진
　㉠ 연료와 공기를 실린더 내에서 연소시켜 여기서 발생한 연소가스로부터 직접 기계적 에너지(일)를 얻는 엔진을 말한다.
　㉡ 종류 : 왕복형(가솔린엔진, 디젤엔진, 석유엔진, LPG엔진), 회전형(로터리엔진), 분사추진형(제로엔진)

② 외연엔진
　㉠ 실린더 외부에 있는 연소장치에 연료가 공급되어 연소될 때 발생한 열에너지를 실린더 내부로 끌어들여 기계적 에너지를 얻는 엔진을 말한다.
　㉡ 종류 : 왕복형(증기엔진), 회전형(증기터빈엔진)

(3) 내연엔진의 분류

① 사용연료에 따른 분류
　㉠ 가솔린엔진 : 가솔린과 공기를 기화기에서 혼합시켜 실린더 내로 흡입시킨 후 압축하여 점화플러그에서 전기적인 점화로 연소시켜 기계적 에너지를 얻는 엔진이다.

ⓒ 디젤엔진 : 순수한 공기만을 흡입시켜 고압축비로 압축하고 연소실 내의 온도가 400 ~ 700℃인 상태에서 분사노즐로 연료를 분사하여 자기착화 시키면서 기계적 에너지를 얻는 엔진이다.

ⓒ LPG엔진 : 부탄이나 프로판가스를 사용하는 엔진으로, 가솔린엔진과 거의 같으나 연료장치만 다르다.

② 기계적 사이클에 따른 분류

　ⓐ 4행정 사이클 엔진 : 피스톤의 4행정, 즉 크랭크축이 2회전하는 사이에 흡입, 압축, 동력(폭발), 배기의 1사이클을 완성하는 엔진이다.

　ⓑ 2행정 사이클 엔진 : 피스톤의 2행정, 즉 크랭크축이 1회전하는 사이에 흡입, 압축, 동력(폭발), 배기의 1사이클을 완성하는 엔진이다.

③ 밸브 배열에 따른 분류

　ⓐ I헤드형 : 흡 · 배기 밸브가 실린더 헤드에 설치, 압축비를 높일 수 있어 열효율이 높다.

　ⓑ L헤드형 : 흡 · 배기 밸브가 실린더 블록에 설치, 구조가 간단하고 밸브소음이 적다.

　ⓒ F헤드형 : 흡기밸브는 실린더 헤드에, 배기밸브는 실린더 블록에 설치된 형식으로 흡입밸브의 직경을 크게 할 수 있어 흡입효율이 좋다.

　ⓓ T헤드형 : 흡기밸브, 배기밸브가 실린더의 양쪽에 배치된 형식이다.

④ 연소방식에 따른 분류

　ⓐ 정적 사이클 : 일정한 용적 하에서 연소가 되는 것으로 가솔린엔진에 사용되며 오토 사이클이라 한다.

　ⓑ 정압 사이클 : 일정한 압력 하에서 연소가 되는 것으로 저속 디젤엔진에 사용되며 디젤 사이클이라 한다.

　ⓒ 합성 사이클 : 정적과 정압 사이클이 복합되어 일정한 용적과 일정한 압력 하에서 연소가 되는 것으로 고속 디젤엔진에 사용되며 사바테 사이클이라 한다.

[내연엔진의 장 · 단점]

장점	단점
• 출력에 비해 소형이고 가볍다.	• 왕복운동형의 경우에 진동과 소음이 많다.
• 열효율이 높다.	• 자체 시동을 할 수 없다.
• 운전 및 운반성이 좋다.	• 저렴하지 않다.
• 시동 및 정지가 우수하다.	• 저속회전이 어렵다.
• 부하의 변동에 따라 민감하게 작용한다.	• 왕복운동형의 경우에 대출력을 얻기가 용이하지 않다.
• 운전비용이 저렴하다.	
• 연료소비율이 낮다.	

2 가솔린 엔진

(1) 엔진의 작동원리

① 4행정 사이클 엔진의 작동원리 : 흡입행정 → 압축행정 → 동력행정(폭발행정, 연소행정) → 배기행정

② 2행정 사이클 엔진의 작동원리 : 흡입 · 압축행정 → 동력 · 배기행정

③ 4행정과 2행정 사이클 엔진 비교

4행정 사이클 엔진	2행정 사이클 엔진
• 각 행정이 확실하게 독립적으로 이루어져 효율이 높다. • 기동이 쉽고 저속에서 고속까지 속도의 범위가 넓다. • 블로 바이와 실화가 적고 연료나 윤활유의 소비율이 낮다. • 실린더수가 적을 경우 회전이 원활하지 못하다. • 밸브기구가 복잡하고 밸브기구로 인한 소음이 생긴다. • 탄화수소의 배출은 적으나 질소산화물의 배출이 많다.	• 배기량에 대한 출력은 4행정 사이클보다 크지만 연료소비율은 2배이며 출력은 1.2 ~ 1.5배 정도가 된다. • 흡기와 배기가 불완전하여 열손실이 많으며 탄화수소의 배출이 많다. • 연료와 윤활유의 소모율이 많으며 역화가 일어날 우려가 있다. • 밸브기구가 간단하여 마력당 엔진의 중량이 적다. • 크랭크축의 매 회전마다 동력을 얻음으로 회전력의 변동이 크지 않다. • 배기가스 재순환 특성으로 질소산화물의 배출이 적다.

(2) 엔진의 부품

① 엔진의 구성 : 실린더, 커넥팅 로드, 크랭크축, 캠축, 밸브, 피스톤, 플라이휠 등

② 실린더 블록의 구성

　㉠ 실린더

　　• 기능 : 실린더는 원통형이며 피스톤 행정의 약 2배 정도의 길이로 되어 있다. 피스톤이 압축된 혼합기나 연소가스가 새지 않도록 실린더와 기밀을 유지하며, 왕복운동을 하면서 열에너지를 기계적 에너지로 바꾸어 동력을 발생시키는 일을 한다.

　　• 종류 : 블록과 일체로 만든 일체식과 실린더를 별개로 제작하여 삽입하는 삽입식(라이너식)이 있다.

　　• 재질 : 실린더의 내벽은 마멸을 작게 하기 위하여 크롬도금을 하는 것도 있으나 크롬 도금한 실린더에는 크롬도금 링을 사용하지 않는다.

- 실린더의 냉각 : 실린더는 작동 중에는 2,000℃ 이상의 고온에 노출되므로 기능이 저하되는 것을 방지하기 위해 실린더의 주위에 냉각장치를 갖추고 계속적으로 냉각시켜야 한다.

ⓛ 실린더 라이너
- 재질 : 일반적으로는 주철제의 실린더 블록에 특수 주철의 라이너를 끼워 넣지만, 엔진에 따라 중량을 가볍게 하고 열전도율을 좋게 하기 위하여 실린더 블록을 알루미늄 합금(경합금)으로 주조하고 실린더의 내벽에 주철로 된 라이너를 끼워 넣는 것도 있다.
- 종류
 - 건식 라이너 : 실린더에서 발생된 열을 식히는 냉각수가 라이너와 직접 접촉하지 않고 실린더 블록을 통해 냉각하며, 주로 가솔린엔진에 사용된다.
 - 습식 라이너 : 냉각수가 직접 라이너에 접촉하여 라이너와 실린더 블록이 물재킷(물 통로)을 이루어 직접 냉각수에 닿게 하는 형식이다. 습식 라이너는 라이너 상부에 플랜지가 있고, 하부에는 2~3개의 고무 시일링이 끼워져 있다. 일반적으로 디젤엔진에 주로 사용된다.

ⓒ 실린더 블록
- 구조 : 4~6개의 실린더가 일체를 이루고 있는 블록구조이며 내부에 물 통로와 오일통로 등이 마련되어 있으며, 블록 위에는 실린더 헤드가 있다.
- 재질 : 내마모성과 내부식성이 좋고 가공이 용이한 주철을 주로 사용하고 있다.
- 종류 : 실린더의 내벽 재료가 실린더 블록과 동일한 일체형과 실린더의 내벽에 별도의 실린더 라이너를 끼워 넣은 라이너식이 있다.
- 실린더의 냉각 : 실린더의 냉각방식에는 건식과 습식이 있다. 건식은 대체로 폭발력이 작은 엔진에서 사용하며 냉각수가 라이너에 직접 접촉하지 않으나, 습식은 냉각수가 실린더에 직접 작용한다.

ⓔ 크랭크 케이스
- 구조 : 크랭크축의 중심보다 조금 낮은 위치에서 상하로 나누어져 윗부분은 실린더 블록과 일체로 주조되어 있다.
- 재질 : 아랫부분은 강철판이나 경합금으로 만든 오일팬이 개스킷을 사이에 두고 결합되어 있다.

ⓜ 실린더행정 내경비
- 장행정 엔진 : 행정이 내경보다 크다(행정 / 내경 ≥ 1).
- 단행정 엔진 : 행정이 내경보다 작다(행정 / 내경 ≤ 1).
- 정방행정 엔진 : 행정과 내경이 같다(행정 / 내경 = 1).

③ 실린더 헤드 구성
ⓛ 구조 : 실린더 헤드는 실린더 블록 위에 실린더 헤드 개스킷을 사이에 두고 볼트로 고정·설치되며 실린더, 피스톤과 함께 연소실의 일부를 형성한다. 그 외부에는 밸브기구, 흡기 및 배기 다기관, 점화플러그 등이 장치되어 있다.

ⓛ **종류** : 전기 실린더 헤드 또는 몇 개의 실린더 헤드가 일체로 주조되고 내부에 냉각수를 흐르게 하는 물 통로를 두는 수냉식과, 실린더 별로 주조가 되며 냉각핀이 있는 공랭식이 있다.

ⓒ **재질** : 주철과 알루미늄 합금이 많이 사용되는데 알루미늄 합금은 열전도성이 좋아 연소실의 온도를 낮게 할 수 있고 조기점화(과조착화)의 원인이 되는 열점이 잘 생기지 않는다. 그러나 열에 의한 팽창이 커서 변형되기 쉽고 부식이나 내구성에 결함이 있다.

ⓔ **밸브의 위치와 연소실**
  • 연소실 조건
  − 혼합기를 효율적으로 연소시키는 형상으로 해야 한다.
  − 화염전과 시간을 최소로 해야 한다.
  − 연소실의 표면적이 최소가 되게 하여 열손실을 적게 해야 한다.
  − 흡 · 배기밸브의 지름을 크게 하여 흡 · 배기작용을 신속하고 원활하게 해야 한다.
  − 압축행정 시 혼합기 또는 공기가 와류를 일으킬 수 있는 형상이어야 한다.
  − 가열되기 쉬운 돌출부가 없어야 한다.
  • 연소실 종류
  − 오버 헤드 밸브식 : 가장 이상적인 연소실이지만 실린더 헤드에 흡 · 배기밸브기구, 점화플러그 등과 흡 · 배기가스 통로, 냉각수 통로 등이 설치되어 있어 구조가 매우 복잡하다. 반구형, 지붕형, 쐐기형, 욕조형이 있다.
  − 사이드 밸브식(L헤드형, T헤드형) : 실린더 블록의 한쪽에 흡 · 배기밸브가 설치되어 있고 밸브시트가 블록 윗면에 설치되어 있다.
  − F헤드형 : 흡기밸브는 실린더 헤드에 배기밸브는 실린더 블록에 설치되어 있어 밸브구조가 간단하다.

ⓜ **실린더 헤드 개스킷**
  • 기능 : 약 2mm 정도의 두께로 실린더 블록과 실린더 헤드를 밀착시켜 기밀을 유지하고 냉각수나 오일이 새는 것을 방지하는 것으로 내열성, 내압성 및 압축성을 필요로 한다.
  • 재질 : 내열성과 내압성을 필요로 하기 때문에 보통 구리판이나 강판으로 감싼 것을 사용한다.
  • 종류
  − 보통 개스킷 : 동판이나 철판을 석면으로 싸서 만든 것으로 가장 많이 사용된다.
  − 스틸 베스토 개스킷 : 강판의 양쪽 면에 돌출물을 만들어 여기에 흑연을 섞은 석면을 붙이고 흑연을 바른 것으로 주로 고속회전, 고출력엔진에 사용된다.
  − 스틸 개스킷 : 얇은 강판에 물결 모양의 주름을 둔 것으로 주로 고급엔진에 사용된다.
  • 설치 시 주의점
  − 석면이 헤드방향으로 향하게 해야 한다.
  − 접힌 부분이나 마크, 표식이 헤드방향으로 향하게 해야 한다.
  − 오일 구멍을 확인하고 조립해야 한다.

－접착제를 사용해야 한다.

－재사용은 하지 않는다.

ⓑ 피스톤

- 기능 : 피스톤은 실린더 내를 왕복운동하며 동력(폭발)행정에서 발생한 고온·고압의 팽창압력을 커넥팅 로드를 통해 크랭크축에 전달하여 회전력을 발생하게 하여 동력을 얻는다.

- 구조

－피스톤은 헤드, 링지대, 보수부, 스커트부 등으로 이루어져 있다.

－피스톤 헤드는 연소실의 일부를 형성하며 고온에 노출되어 팽창하기 때문에 스커트부의 직경보다 약간 작다.

- 구비조건

－관성력이 적어야 하므로 가벼워야 한다.

－높은 온도와 폭발 압력에 강해야 한다.

－열전도성이 커서 방열효과가 우수해야 한다.

－마찰손실 등 기계적 손실을 최소로 해야 한다.

－열에 의한 재질, 강도의 변화와 열팽창성이 적어야 한다.

－가스 및 오일의 누출을 방지해야 한다.

ⓢ 커넥팅 로드

- 기능 : 피스톤과 크랭크축을 연결하는 막대로서 피스톤핀에 지지되는 부분을 소단부, 크랭크축과 연결되는 부분을 대단부라고 하는데, 대단부는 상하로 분할되며 분할형 평면 베어링을 끼우고 크랭크핀을 감싸서 볼트로 죈다.

- 재질 : 커넥팅 로드는 압축력, 인장력, 굽힘 등의 하중을 반복해서 받게 되므로 경량이고 충분한 강도가 요구되는 니켈-크롬강, 크롬-몰리브덴강 등의 특수강을 사용한다. 최근에는 두랄루민과 같은 경합금을 사용하기도 한다.

- 길이 : 소단부와 대단부의 중심 사이의 거리를 커넥팅 로드의 길이라 하며 보통 피스톤 행정의 1.5 ~2.3배 정도이다.

ⓞ 크랭크축

- 기능 : 크랭크 케이스 내에 설치된 메인 베어링으로 지지되며 각 실린더의 동력행정에서 얻어진 피스톤의 직선왕복운동을 커넥팅 로드를 통하여 전달받아 회전운동으로 바꾸고, 흡입·압축·배기행정에서는 피스톤의 운동을 도와주어 연속적인 동력이 발생하게 한다.

- 구조 : 크랭크핀, 크랭크암, 크랭크 저널 등은 일체로 되어 있고 크랭크축의 정적·동적 평형을 유지하기 위하여 밸런스 웨이트가 설치되어 있다.

- 재질 : 크랭크축은 큰 하중을 받고 고속회전을 하기 때문에 강도나 강성이 충분해야 하며 내마모성이 크고 정적·동적 평형이 잡혀 있어서 맥동이 없어 원활하게 회전하여야 하므로 고탄소강, 크롬강, 크롬-몰리브덴강 등이 사용된다.

- 점화조건
  - 연소의 시간 간격이 일정하여야 한다.
  - 혼합기가 각 실린더에 균일하게 분배되어야 한다.
  - 크랭크축에 진동이 일어나지 않아야 한다.
  - 하나의 메인 베어링에 연속하여 하중이 걸리지 않아야 한다.
  - 인접한 실린더에 연이어 점화되지 않아야 한다.
- 크랭크축의 점화순서

형식	크랭크핀의 위상차	점화순서
4기통	180°	1→3→4→2, 또는 1→2→4→3
6기통	120°	1→5→3→6→2→4(우수식) / 1→4→2→6→3→5(좌수식)
8기통	90°	1→6→2→5→8→3→7→4(직렬형)

PLUS 좌수식 · 우수식 ··· 1~6번 크랭크핀을 상사점의 위치로 하고 축을 앞에서 보았을 경우 3~4번 핀의 위치가 좌측에 있으면 좌수식, 우측에 있으면 우수식이 된다.

ⓒ 베어링
- 베어링의 사용 : 피스톤과 커넥팅 로드, 커넥팅 로드와 크랭크핀 및 크랭크축 메인저널 사이에는 상호관계운동을 하므로 이러한 곳에 베어링을 사용한다.
- 베어링의 구비조건
  - 내마멸성이 커야 한다.
  - 내부식성이 커야 한다.
  - 매몰성이 있어야 한다.
  - 열전도성이 우수해야 한다.
  - 길들임성이 우수해야 한다.
  - 재질 : 배빗메탈(화이트메탈, 백메탈), 켈밋메탈(적메탈), 트리메탈, 알루미늄메탈

ⓒ 플라이휠(Fly wheel)
- 기능 : 크랭크축의 주기적 파동을 막아 엔진의 회전속도를 고르게 하기 위해 플라이휠을 설치한다.
- 구조 : 회전 중 관성력이 크고 가벼워야 하므로 중심부의 두께는 얇게 하고 둘레는 두꺼운 원판으로 크랭크축의 후단에 플랜지 볼트로 고정되어 있다.
- 재질 : 재질은 주철 또는 강이며 그 뒷면은 클러치의 마찰판으로 사용하며 실린더 수가 적고 계속 회전인 엔진일수록 플라이휠의 중량은 커야 한다.

ⓒ 밸브
- 기능 : 혼합기를 실린더 안으로 들여보내고 연소가스를 외부로 내보내는 일을 한다. 자동차에서는 포핏 밸브가 주로 사용되며 캠축 등으로 이루어진 밸브기구에 의해 작동한다.

- 밸브 회전기구 : 밸브가 작동 중에 카본의 쌓임과 편마모가 생기는 것을 방지하기 위해서는 밸브를 회전시켜야 한다. 릴리스 형식은 밸브가 열렸을 때 엔진의 진동으로 회전하고 포지티브 형식은 강제로 회전시키는 것이다.
- 밸브 간극 : 엔진이 작동 중에 열팽창을 고려하여 로커암과 밸브스템 사이에 간극을 두는 것을 말한다.
  - 간극이 클 경우 : 밸브의 열림이 작아 흡배기의 효율이 저하되고 소음이 발생한다.
  - 간극이 작을 경우 : 기밀유지가 안되고 푸시로드가 휘며 각 부분에 이상 마모가 생긴다.

ⓔ 밸브기구
- 밸브기구의 종류 : 오버헤드 밸브식, 오버헤드 캠축식
- 밸브 시트 : 밸브 시트는 밸브면과 밀착하는 실린더 블록이나 실린더 헤드의 면을 말하는 것으로 연소실의 기밀을 유지하는 역할을 하며 열을 냉각수의 통로로 방출한다.
- 밸브 스프링 : 밸브 스프링은 압축과 폭발행정 시 밸브면이 시트에 밀착되게 하여 기밀을 유지하게 하고, 밸브가 운동할 때에는 캠의 형상에 따라 확실하게 작동되도록 하는 작용을 한다.
- 캠(Cam) : 캠축의 회전에 의하여 밸브 리프트나 로커암을 밀어서 밸브를 개폐시키며 배전기와 연료펌프를 가동시키는 역할을 한다.

(3) 윤활장치

① 윤활장치 : 엔진의 섭동에서 금속간의 고체마찰에 의한 동력의 손실을 방지하고 부품의 마모와 마멸을 방지하기 위하여 섭동부에 오일을 주입하는 일련의 장치이다.

② 윤활작용 : 부식방지, 방청, 응력분산, 세척, 냉각, 밀봉, 마찰감소 및 마열방지

③ 윤활방식
  ㉠ 혼합식 : 가솔린과 윤활유를 혼합하여 소기 시 윤활하는 방식으로 농기구 등에 사용된다.
  ㉡ 비산식 : 커넥팅 로드의 대단부에 부착되어 있는 주걱으로서 엔진회전 시 오일을 베어링이나 실린더 벽 등 각 섭동부에 뿌려서 윤활하는 방식이다. 이 방식은 단기통이나 2기통의 소형엔진에서만 사용된다.
  ㉢ 압송식 : 오일팬에 있는 오일을 오일펌프를 구동시켜 엔진의 각 섭동부에 압송하여 윤활하는 방식이다.
  ㉣ 비산압송식 : 커넥팅 로드에 비산구멍을 설치하여 커넥팅 로드 끝에서 오일을 비산하고, 오일펌프에 의한 압송식과 병용하여 윤활하는 방식으로 가장 많이 사용된다.

④ 윤활장치의 구성

　ㄱ 오일펌프 : 크랭크축이나 캠축에 의하여 구동되며 오일팬의 오일을 흡입·가압하여 윤활부로 보낸다. 종류로는 기어식 펌프, 로터리식 펌프, 플런저식 펌프, 베인식 펌프가 있다.

　ㄴ 오일펌프 스트레이너 : 오일펌프에 흡입되는 오일의 커다란 불순물을 여과한다.

　ㄷ 유압조절 밸브 : 윤활회로 내의 압력이 과도하게 상승하는 것을 방지하여 일정한 유압이 유지되도록 하는 것으로, 유압이 스프링의 힘보다 커지면 유압조절 밸브가 열려 과잉의 오일은 오일팬으로 되돌아가게 된다.

　ㄹ 오일 여과기

　　• 여과기의 종류 : 여과지식, 적층 금속판식, 원심식

　　• 여과방식 : 분류식, 전류식, 샨트식

　　• 유면 표시기 : 유면 표시기는 크랭크 케이스 내의 유면의 높이를 점검할 때 사용하는 금속막대이며, 그 끝부분에 풀(Full)과 로우(Low)의 표시가 새겨져 있다. 크랭크 케이스 내의 오일의 높이는 언제나 풀(Full) 눈금 가까이 있어야 한다.

> **PLUS** 오일의 오염정도
> －검은색인 경우 : 심한 오염
> －붉은색인 경우 : 가솔린의 유입
> －회색인 경우 : 연소 생성물의 유입
> －우유색인 경우 : 냉각수의 유입도 점검

⑤ 윤활유 : 내연엔진에는 주로 석유계 윤활유가 사용된다. 윤활유의 분류에는 SAE분류, API분류, MIL분류 등이 있었으나 요즘에는 SAE신분류가 제정되어 이것만을 사용하고 있다.

　ㄱ 구비조건

　　• 응고점이 낮고, 청정력이 좋아야 한다.

　　• 점도가 적당하고, 열전도성이 좋아야 한다.

　　• 적당한 비중이 있어야 하고, 산에 대한 안정성이 커야 한다.

　　• 카본 및 회분생성이 적어야 하고, 유막을 형성해야 한다.

　ㄴ 점도와 점도지수

　　• 점도 : 유체가 흐를 때 나타나는 오일의 끈끈한 정도를 말한다. 점도가 낮은 것을 작은 번호로, 높은 것은 큰 번호로 표시하며, 번호가 클수록 온도에 의한 점도의 변화가 적은 것이다. 점도가 높으면 윤활유의 내부저항이 커서 동력의 손실이 많아지고, 점도가 낮으면 마찰작용이 이루어지지 않는다.

　　• 점도지수 : 온도가 상승함에 따라 점도가 저하되며 온도에 대한 점도의 변화정도를 표시한 것을 말한다. 점도의 측정방법에는 레드우드, 엥글러, 세이볼트 등이 있다.

(4) 냉각장치

① 냉각장치 : 엔진의 과열 및 과냉을 방지하여 엔진의 손상을 예방하는 장치를 말하며, 냉각장치에 의해 흡수되는 열량은 엔진에 공급된 총열량의 약 30 ~ 35%가 된다.

[엔진의 과열 · 과냉]

구분		원인
엔진과열	원인	• 수온조절기가 닫힌 채 고장이거나 작동온도가 너무 높을 경우 • 라디에이터의 코어의 막힘이 과도하거나 오손 및 파손이 되었을 경우 • 팬벨트의 장력이 약하거나 이완 절손이 되었을 경우 • 물펌프의 작용이 불량할 경우 • 냉각수의 부족, 누출이 생길 경우 • 물재킷 내의 스케일이 과다할 경우 • 라디에이터 호스가 손상되었을 경우
	영향	• 각 부품의 변형이 생긴다. • 조기점화, 노킹이 일어난다. • 출력이 저하된다. • 윤활유의 유막파괴나 소비량이 증대된다.
엔진과냉	원인	수온조절기가 열린 채 고장 나거나 열리는 온도가 너무 낮을 경우
	영향	• 출력이 저하된다. • 연료 소비율이 증대된다. • 오일이 희석된다. • 베어링이나 각 부가 마멸된다.

② 냉각방식

　ⓐ **공냉식** : 엔진을 직접 대기에 접촉시켜 냉각하는 방식으로, 자연 냉각식과 강제 냉각식이 있다. 수냉식에 비해 구조가 간단하지만 온도의 제어가 곤란하며 소음이 크다. 일반적으로 실린더 수가 많지 않은 소형엔진과 항공기용 엔진에 주로 사용된다.

　ⓑ **수냉식** : 라디에이터에서 냉각된 냉각수를 이용하여 엔진을 냉각하는 방법이다. 펌프로 냉각수를 실린더 블록과 실린더 헤드의 물재킷을 순환시키고, 가열된 냉각수를 라디에이터에서 방열하여 냉각한 후 다시 물펌프로 순환시키는 강제순환 방식이 이용된다. 자동차는 대부분 수냉식을 채택하고 있다.

③ 수냉식의 주요 부품 및 작용

　　㉠ 주요 부품 : 물재킷, 물펌프, 벨트, 냉각팬, 시라우드, 방열기, 수온조절기(정온기)

　　㉡ 냉각수와 부동액

　　　• 냉각수 : 연수(증류수, 수돗물, 빗물 등)를 사용한다. 경수(지하수)를 사용하면 산과 염분이 포함되어 있으므로 물재킷 내의 스케일이 생겨 열전도를 저하시키고, 심하면 냉각수의 흐름 저항이 커지게 된다.

　　　• 부동액 : 냉각수의 동결을 방지하는 역할을 하며 메탄올, 에틸렌글리콜, 글리세린 등이 있다.

　　　• 냉각수와 부동액을 혼합할 경우 : 그 지방의 최저온도의 −5 ~ 10℃ 정도로 낮게 기준을 정한다.

　　　• 혼합비율(영구부동액)

동결온도	물(%)	부동액 원액(%)
−10℃	80	20
−20℃	65	35
−30℃	55	45
−40℃	50	50

(5) 연료장치

① 연료장치 – 가솔린

　　㉠ 연료장치 : 엔진이 필요로 하는 연료와 공기를 적당한 비율로 혼합하여 공급하는 장치로서 엔진의 성능, 특히 출력이나 경제성을 좌우하는 장치이다.

　　㉡ 연료장치의 구성 : 연료탱크, 연료파이프, 연료여과기, 연료펌프, 기화기(Carburetor), 피드백 기화기(Feed back carburetor)

　　㉢ 가솔린 : 탄화수소로 비중이 0.69 ~ 0.76, 발화점이 265 ~ 280℃, 저발열량이 11,000 ~ 11,500kcal/kg이다.

　　㉣ 연소

　　　• 정상연소 : 엔진이 원활하게 운전되는 경우의 연소로서 연소속도는 20 ~ 30m/s 정도이다(단, 대기압 속에서는 2 ~ 3m/s 정도).

　　　• 이상연소 : 노킹과 조기점화가 있으면 연소속도는 200 ~ 300m/s 정도이다.

　　　PLUS 노킹은 점화 후에 일어나는 현상, 조기점화는 점화 전에 자연발화 하는 현상이다.

노킹의 원인	노킹 방지대책
• 압축비가 너무 높을 경우 • 점화가 빠를 경우 • 부하가 클 경우 • 엔진이 과열되었을 경우 • 연료의 옥탄가가 낮을 경우 • 혼합비가 맞지 않을 경우	• 압축비나 흡입공기의 온도, 엔진의 회전속도를 낮춘다. • 점화시기를 조정한다. • 옥탄가가 높은 연료를 사용한다.

- 노킹이 엔진에 미치는 영향 : 열효율, 엔진의 출력이 저하되고 엔진이 과열되어 피스톤, 밸브, 베어링 등이 소손되거나 고착된다.
- 조기점화(과조 착화) : 점화플러그에 의해 점화되기 전에 실린더 내의 돌출부, 열점 등 과열된 부분의 열로 인해 자연발화하는 현상이다.

ⓜ 옥탄가 : 연소의 억제성(안티노크성)의 정도를 수치로 나타낸 것이다.
- 옥탄가 = 이소옥탄/(노말햅탄 + 이소옥탄) × 100
- 이소옥탄 : 노킹을 잘 일으키지 않으려는 성질을 가진 물질
- 노킹 노말햅탄 : 정햅탄이라고도 하며, 노킹을 일으키기 쉬운 성질을 가진 물질

② **연료장치 – LPG**

㉠ **LPG의 성질과 장 · 단점**
- 성질
- 순수한 LPG는 색깔과 냄새가 없고, 많은 양을 들이켜면 마취된다.
- 자동차용 연료로 사용되는 LPG는 가스누출의 위험을 방지하기 위하여 착취제(유기황, 질소, 산소화합물 등)를 첨가하여 특이한 냄새가 나도록 하고 있다.
- 냉각 · 가압에 의해 쉽게 액화하고, 가압 · 감압에 의해 기화한다. 기화된 LPG는 공기의 약 1.5~2.0배 정도 무겁고, 액체상태에서는 물보다 0.5배 가볍다.
- 장 · 단점

장점	단점
- 연소 효율이 좋으며, 기관이 정숙하다. - 경제성이 좋다. - 기관 오일의 수명이 길다. - 대기 오염이 적고 위생적이다. - 퍼컬레이션이나 베이퍼 록 현상이 없다. - 연소실에 카본의 부착이 없어 점화플러그의 수명이 길다. - 황 성분이 적어 연소 후 배기가스에 의한 금속의 부식 및 기관, 머플러의 손상이 적다.	- 겨울철 기관의 시동이 어렵다. - 베이퍼라이저 내의 타르나 고무와 같은 물질을 수시로 배출해야 한다. - 연료의 취급과 절차가 번거롭다. - 장기간 정차 후 기관 시동이 어렵다.

ⓒ LPG의 **연료장치** : 봄베(bombe : 연료탱크)에서 액체 LPG로 나와 여과기에서 여과된 후 솔레노이드 밸브를 거쳐 베이퍼라이저(vaporizer)로 들어간다. 여기서 압력이 감소된 후 기체 LPG(liquefied petroleum gas)로 되어 가스믹서(mixer)에서 공기와 혼합되어 실린더 내로 들어간다.

ⓒ **LPI 연료장치**

- LPG를 고압의 액체상태(5 ~ 15bar)로 유지하면서 기관 ECU(컴퓨터)에 의해 제어되는 인젝터를 통하여 각 실린더로 분사하는 방식이다.
- 장점
  - 겨울철 시동성능이 향상된다.
  - 정밀한 LPG 공급량의 제어로 배출가스 규제 대응에 유리하다.
  - 고압 액체 상태로 연료가 인젝터에서 분사되므로 타르 생성 및 역화발생의 문제점을 개선할 수 있다.
  - 가솔린기관과 같은 수준의 출력성능을 발휘한다.
- 구성과 작용
  - 봄베(bombe) : 봄베(연료탱크), 연료펌프 드라이버, 멀티 밸브, 충전 밸브, 유량계
  - 연료펌프 : 봄베 내의 액체상태의 LPG를 인젝터로 압송하는 작용을 한다.
  - 연료차단 솔레노이드 밸브 : 멀티 밸브에 설치되어 있으며, 기관 시동을 ON/OFF할 때 작동하는 ON/OFF 방식이며, 시동을 OFF로 하면 봄베와 인젝터 사이의 연료라인을 차단하는 작용을 한다.
  - 과류 방지 밸브 : 자동차 사고 등으로 인하여 LPG 공급라인이 파손되었을 때 봄베로부터 LPG 송출을 차단하여 LPG 방출로 인한 위험을 방지하는 작용을 한다.
  - 수동 밸브(액체상태 LPG 송출 밸브) : 장기간 동안 자동차를 운행하지 않을 경우 수동으로 LPG 공급라인을 차단할 수 있도록 한다.
  - 릴리프 밸브 : LPG 공급라인의 압력을 액체 상태로 유지시켜, 열간 재시동 성능을 개선시키는 작용을 하며, 입구에 연결되는 판과 스프링장력에 의해 LPG 압력이 20±2bar에 도달하면 봄베로 LPG를 복귀시킨다.
  - 인젝터(injector) : 인젝터 니들 밸브가 열리면 연료압력 조절기를 통하여 공급된 높은 압력의 LPG는 연료 파이프의 압력에 의해 분사된다. 이때 분사량 조절은 인젝터의 출구 면적이 일정하기 때문에 인젝터 통전시간 제어를 통하여 이루어진다.
  - 아이싱 팁(icing tip) : LPG 분사 후 발생하는 기화 잠열로 인하여 주위 수분이 빙결을 형성하는데 이로 인한 기관 성능 저하를 방지하기 위해, 재질의 차이를 이용하여 얼음의 결속력을 저하시켜 얼음의 생성을 방지하는 작용
  - 연료압력 조절기 : 봄베에서 송출된 높은 압력의 LPG를 다이어프램과 스프링의 균형을 이용하여 LPG 공급라인 내의 압력을 항상 5bar로 유지시키는 작용을 한다. 또 가스 압력 측정 센서, 가스 온도 측정 센서 및 연료차단 솔레노이드 밸브를 내장하고 있어 LPG 공급라인의 공급 및 차단을 제어하는 작용을 한다.
  - 연료필터 : 연료중의 슬러지를 걸러 준다.

③ 연료장치 - CNG

㉠ 가스 충전 밸브(가스 주입구) : 가스 충전 시 사용하는 밸브로 충전 밸브에는 체크 밸브가 연결되어 고압가스 충전 시 역류를 방지하는 기능을 한다.

㉡ 가스 압력계 : 가스탱크 내의 연료량을 압력으로 표시하며 탱크 잔류압력 1MPa 이하에서는 기관 출력부족 현상이 발생하며 3.0MPa 이하에서는 재충전을 실시하여야 한다.

㉢ 체크 밸브 : 가스 충전 밸브 연결부 뒤쪽에 설치되어 고압가스 충전 시 역류를 방지한다.

㉣ GFI 솔레노이드 밸브(용기 밸브) : 시동 KEY ON/OFF 상태에 따라 가스용기에서 기관으로 공급되는 가스를 공급 및 차단하는 역할을 한다.

㉤ 기계식 수동 밸브(용기밸브) : 가스용기에서 기관으로 공급되는 가스를 공급 및 차단하는 밸브로 각각의 용기에 설치되고, 수동으로 밸브를 열고 닫는다.

㉥ PRD(pressure relief device) 밸브 : 화재로 인해 용기의 파열이 발생할 우려가 있을 경우 PRD 밸브의 가용전(연납)이 녹으면서 가스를 방출하여 용기의 파열을 예방한다.

㉦ 수동 차단 밸브 : 기관 정비 시 기관 배관에 남아있는 가스를 제거할 때 사용한다.

㉧ 가스 필터 : 수동 차단 밸브의 파이프라인에 설치되며, 가스 내의 불순물을 여과하여 불순물이 기관에 공급되는 것을 방지한다.

㉨ CNG탱크 온도 센서(NGTTS : natural gas tank temperature sensor) : 부특성 서미스터로 탱크 위에 설치되어 있으며 탱크 속의 연료 온도를 측정한다. 연료온도는 연료를 구동하기 위해 탱크 내의 압력 센서와 함께 사용된다.

㉩ 고압 차단 밸브(high pressure lock-off valve) : 가스 필터와 가스 압력조정기 사이에 설치되며 가스탱크에서 기관에 공급되는 압축 천연가스를 과다한 압력 및 누기 발생 시 차량과 기관을 보호하기 위하여 고압 가스라인을 차단하는 안전밸브이다.

㉪ 가스 압력 조정기(gas pressure regulator) : 압력 조정기의 가스 출구 측에는 과도압력조절장치(PRD)가 장착되어 있어 가스 출구압력이 1.1MPa 이상일 경우에는 가스를 대기로 방출시킨다. 또한 가스 압력 조정기에는 흡기관 압력보상 장치가 있어 흡기압력에 따라 가스의 토출압력이 변하게 되어 있다.

㉫ 가스열 교환기(heat exchanger) : 가스 압력 조정기와 가스 온도 조절기 사이 프레임 상단에 설치되어 가스탱크에 압축된 가스는 가스 압력 조정기를 통과하면서 압력이 팽창하여 가스 온도저하 및 동파방지를 위하여 상대적으로 따뜻한 냉각수를 공급하여 가스의 온도를 상승시키는 역할을 한다.

㉬ 가스 온도 조절기(gas thermostat) : 기관 냉각수의 유입을 자동적으로 조절하여 가스의 과냉 및 과열을 방지한다.

ⓗ 연료 미터링 밸브 : 8개의 인젝터가 개별적 또는 간헐적으로 유로를 개폐하여 연료의 압력을 조정해서 기관에 필요한 연료가스를 공급하며, 가속페달의 밟힘량 및 기관 회전수 신호 등을 ECU에서 펄스 신호로 제어하여 인젝터를 개방(인젝터의 개방시간으로 연료량을 제어)한다.

ⓐ 가스 혼합기(gas mixer) : 연료 미터링 밸브에서 공급된 가스와 압축공기를 혼합시킨다.

ⓑ 스로틀 밸브(throttle valve) : 기관 흡기 매니폴드 파이프에 장착되어 가스 혼합기를 통과한 혼합가스가 기관 실린더로 들어가는 양을 조절한다.

(6) 전자제어 연료분사 방식

① 개념 및 특징

㉠ 개념 : 각종 센서(sensor)를 부착하고 이 센서에 보내준 정보를 받아서 기관의 작동상태에 따라 연료 분사량을 컴퓨터(ECU : electronic control unit)로 제어하여 인젝터(injector : 분사기구)를 통하여 흡기다기관에 분사하는 방식이다.

㉡ 특징
• 공기흐름에 따른 관성질량이 작아 응답성이 향상된다.
• 기관의 출력이 증대되고, 연료소비율이 감소한다.
• 배출가스 감소로 인한 유해물질 배출감소 효과가 크다.
• 연료의 베이퍼 록(vapor lock), 퍼컬레이션(percolation), 빙결 등의 고장이 적으므로 운전성능이 향상된다.
• 이상적인 흡기다기관을 설계할 수 있어 기관의 효율이 향상된다.
• 각 실린더에 동일한 양의 연료 공급이 가능하다.
• 전자부품의 사용으로 구조가 복잡하고 값이 비싸다.
• 흡입계통의 공기누설이 기관에 큰 영향을 준다.

② 분류

㉠ 인젝터 설치 수에 따른 분류 : TBI(throttle body injection)방식, MPI(multi point injection), 실린더 내 가솔린 직접 분사방식

㉡ 제어방식에 의한 분류 : 기계 제어방식(mechanical control injection), 전자 제어방식(electronic control injection)

㉢ 분사방식에 의한 분류 : 연속 분사방식(continuous injection type), 간헐 분사방식(pulse timed injection type)

㉣ 흡입 공기량 계측방식에 의한 분류 : 매스플로방식(mass flow type : 질량 유량방식), 스피드 덴시티방식(speed density type : 속도 밀도방식)

③ 구조와 작용

　㉠ 흡입계통 : 공기청정기로 들어온 공기가 공기유량 센서(airflow sensor)로 들어와 흡입 공기량이 계측되면, 스로틀보디의 스로틀밸브의 열림 정도에 따라 서지탱크(surge tank)로 유입된다. 서지탱크로 유입된 공기는 각 실린더의 흡기다기관으로 분배되어 인젝터에서 분사된 연료와 혼합되어 실린더로 들어간다.

　　• 공기유량 센서 : 실린더로 들어가는 흡입 공기량을 검출하여 컴퓨터로 전달하는 일을 한다. 컴퓨터(ECU)는 이 센서에서 보내준 신호를 연산하여 연료 분사량을 결정하고, 분사신호를 인젝터에 보내어 연료를 분사시킨다.

　　• 스로틀보디 : 에어클리너와 서지탱크 사이에 설치되어 흡입공기 통로의 일부를 형성한다. 구조는 가속페달의 조작에 연동하여 흡입공기 통로의 단면적을 변화시켜 주는 스로틀밸브, 스로틀밸브 축 일부에는 스로틀밸브의 열림 정도를 검출하여 컴퓨터로 입력시키는 스로틀위치 센서가 있다.

　㉡ 연료계통 : 연료탱크의 연료는 연료펌프에 의하여 송출되며 연료필터, 연료 분배기로 공급된다. 연료 분배기에는 인젝터가 장착되고, 한 쪽 끝에는 연료압력 조절기가 장착된다. 연료압력 조절기는 연료압력을 흡기관 부압에 대하여 일정하게 유지시키는 작용을 하는 일종의 연료압력 조절밸브이다. 기관에 분사하는 연료량은 인젝터의 통전시간에 의하여 제어된다.

　　• 연료탱크(fuel tank) : 주행에 소요되는 연료를 저장한다.

　　• 연료 파이프(fuel pipe) : 연료장치의 각 부품을 연결하는 통로이다.

　　• 연료펌프(fuel pump) : 전자력으로 구동되는 전동기를 사용하며, 연료탱크 내에 들어 있다. 연료계통 내의 압력을 일정한 수준으로 유지시켜서 어떤 운전조건에서도 연료의 공급부족현상이 일어나지 않도록 한다.

　　• 연료 분배 파이프(delivery pipe) : 각 인젝터에 동일한 분사압력이 되도록 하며, 연료저장 기능을 지니고 있다.

　　• 연료 압력조절기(fuel pressure regulator) : 흡기다기관의 부압을 이용하여 연료계통 내의 압력을 조절해준다.

　　• 인젝터(injector) : 각 실린더에 연료를 분사하는 솔레노이드 밸브이다. 전류공급과정은 축전지 → 컨트롤 딜레이 → ECU → 파워TR → 인젝터의 순이다.

　㉢ 제어계통

　　• 컴퓨터(ECU)의 구성 : 기억장치, 중앙처리장치, 입력 및 출력장치, A/D변환기, 연산부분으로 구성되어 있다.

　　• 기관 컴퓨터(ECU)의 제어 : 컴퓨터에 의한 제어는 분사시기 제어와 분사량 제어로 나누어진다.

　　－분사시기 제어 : 동기분사(점화순서에 따라 각 실린더의 흡입행정(배기행정 말)에 맞추어 연료를 분사), 그룹분사(흡입행정이 서로 이웃하고 있는 실린더를 그룹별로 묶어서 연료를 분사), 동시분사(전 실린더에 대하여 크랭크축 매 회전마다 1회씩 일제히 분사)

- 일반적으로 6실린더 기관에 적용하며 2실린더씩 묶어서 분사하면 3그룹 분사, 3실린더씩 묶어서 분사하면 2그룹 분사방식이 된다.
- 연료 분사량 제어, 피드백 제어(feed back control), 점화시기 제어, 연료펌프 제어, 공전속도 제어, 노크(Knock) 제어장치, 자기진단 기능

② 기관 제어용 센서
- 기관의 기본적인 입력은 공기와 연료이며, 출력은 기계적 구동력과 배기가스의 배출이 된다. 센서는 기관에서 발생하는 물리변수를 측정하고, 그 값은 신호처리기를 통하여 제어기(ECU)에 전기적 신호로 보내진다.
- 종류 : 온도 검출용 센서, 압력 검출용 센서, 위치 및 회전각 센서, 산소 센서, 노크 센서, 차속 센서

(7) 흡·배기장치 및 배출가스

① 흡·배기장치
  ⊙ 개념 : 기관이 작동을 하기 위해서는 실린더 안으로 혼합가스(가솔린기관, LPI기관)나 공기(디젤기관)를 흡입한 후 연소시켜 그 연소가스를 밖으로 배출시켜야 하는데 이 작용을 하는 것이 흡·배기장치이다.
  ⓛ 공기청정기(air cleaner)
    - 엔진 시동 시 공기 속의 불순물을 제거하고, 흡기소음을 감소시킨다.
    - 종류 : 건식·습식이 있으며 건식 공기청정기는 케이스와 여과 엘리먼트로 구성되며, 습식 공기청정기는 엘리먼트가 스틸 울(steel wool)이나 천(gauze)이며 기관오일이 케이스 속에 들어 있다.
  ⓒ 흡기다기관(intake manifold) : 각 실린더에 혼합가스가 균일하게 분배되도록 하여야 하며, 공기 충돌을 방지하여 흡입효율이 떨어지지 않도록 굴곡이 있어서는 안 되며 연소가 촉진되도록 혼합가스에 와류를 일으키도록 하여야 한다. 혼합가스를 실린더 내로 안내하는 통로이며, 실린더헤드 측면에 설치되어 있다.
  ② 가변 흡입장치(VICS : variable induction control system) : 저속과 고속에서 동시에 체적효율을 향상시키기 위해서는 흡기다기관의 길이나 체적을 기관 운전조건에 따라 가변시키는 것이 필요하며, 이러한 목적으로 사용되는 것이 가변 흡입장치이다.
  ⓜ 배기다기관(exhaust manifold) : 실린더에서 배출되는 배기가스를 모아서 소음기로 보낸다.
  ⓑ 촉매장치(catalytic converter) : 연소 후에 발생되는 배기가스의 유해물질을 산화 또는 환원반응을 통해 유해물질을 무해물질로 변환하는 장치를 말한다.
  ⓢ 소음기(muffler) : 고온의 배기가스를 실린더에서 그대로 방출시키면 급격히 팽창하여 격렬한 폭음을 낸다. 이 폭음을 막아주는 장치가 소음기이며, 음압과 음파를 억제시키는 구조로 되어 있다.

② 배출가스

　　㉠ 개념 : 자동차에서 배출되는 가스에는 배기 파이프로부터의 배기가스, 기관 크랭크 케이스(crank case)로부터의 블로바이가스 및 연료계통으로부터의 증발가스 등 3가지가 있다.

　　㉡ 배기가스의 종류와 특성

　　　• 일산화탄소(CO) : 인체에 흡입하면 혈액 속에서 산소를 운반하는 세포인 헤모글로빈과 결합하여 신체 각부에 산소의 공급이 부족하게 되어 어느 한계에 도달하면 중독 증상을 일으킨다.

　　　• 탄화수소(HC) : 농도가 낮은 탄화수소는 호흡기계통에 자극을 줄 정도이지만 심하면 점막이나 눈을 자극하게 된다.

　　　• 질소산화물(NOx) : 광화학스모그(smog)는 대기 중에서 강한 태양광선(자외선)을 받아 광화학반응을 반복하여 일어나며, 눈이나 호흡기계통에 자극을 주는 물질이 2차적으로 형성되어 스모그가 된다.

　　　• 입자상 물질(PM ; particulate matter) : 입자상 물질은 우리가 눈으로 볼 수 있는 입자성을 띠고 있다. 입자상 물질의 입자는 75% 이상이 직경 1μm 이하의 미세입자이기 때문에 기관지 등에 침투하여 장기간 잠재하며 특히 폐암의 원인으로 판명되고 있어 위해성에 대한 논란이 가중되고 있다.

③ 배출가스 제어장치

　　㉠ 블로바이가스 제어장치 : 엔진은 운전 중에 연소실로부터 크랭크 케이스 내로 어느 정도의 배기가스나 혼합기가 들어온다. 이 가스 중에는 다량의 탄화수소(HC)가 포함되어 있으므로 대기 중에 방출하지 않고 이를 강제로 연소실로 보내 연소시키는 장치이다.

　　㉡ 연료증발가스 제어장치 : 연료탱크와 기화기에서 발생된 증발가스는 대기를 오염시키므로 이것이 대기 중으로 방출되는 것을 막고 연소실로 유도하여 연소시키기 위한 장치이다.

　　　• 캐니스터(canister) : 기관이 작동하지 않을 때 연료탱크에서 발생한 증발가스를 캐니스터 내에 흡수 저장(포집)하였다가 기관이 작동되면 PCSV를 통하여 서지탱크로 유입한다.

　　　• PCSV(purge control solenoid valve) : 캐니스터에 포집된 연료 증발가스를 조절하는 장치이며, 컴퓨터에 의하여 작동된다.

　　㉢ 배기가스 재순환장치(EGR ; exhaust gas recirculation) : 질소산화물의 배출을 저감시키기 위하여 흡기 부압에 의하여 열려 배기가스 중의 일부(혼합가스의 약 15%)를 배기다기관에서 빼내어 흡기다기관으로 순환시켜 연소실로 다시 유입시킨다.

　　㉣ 제트에어장치 : 연소실에 흡기밸브와 밸기밸브 외에 제트밸브를 설치하여 흡입밸브와 같이 개폐되면서 흡입 공기에 강한 와류를 형성하여 잔류 가스를 배출시키고 연소를 촉진시킨다.

　　㉤ 촉매 변환장치(컨버터) : 배기 다기관과 소음기 사이에 설치된 촉매 변환기의 작용으로 일산화탄소, 탄화수소, 질소산화물을 인체에 해가 없는 이산화탄소, 수소, 산소 등으로 환원 · 전환시키는 작용을 한다.

3 디젤엔진

(1) 디젤엔진 일반

① 개념 : 실린더 내에 공기만을 흡입·압축하여 공기의 온도가 높아졌을 때 연료를 안개모양으로 분사시켜, 이 안개모양의 연료가 압축열에 의해 자기착화 및 연소하여 작동을 계속하는 압축착화 엔진이다.

② 가솔린엔진과 비교
  ㉠ 같은 점 : 디젤엔진은 본체와 이에 부속된 윤활, 냉각, 연료, 흡배기, 전기장치 등 기본적인 구조는 가솔린엔진과 거의 비슷하다.
  ㉡ 다른 점 : 디젤엔진은 전기점화장치가 필요하지 않고 대신 연료분사장치가 필요하다. 그리고 연료는 자기착화가 잘되는 저유황경유를 사용한다.

[가솔린엔진과 디젤엔진의 비교]

비교항목	가솔린엔진	디젤엔진
압축비	7 ~ 10 : 1	16 ~ 20 : 1
공기와 연료의 혼합	균일혼합	불균일혼합
연료소비량	230 ~ 280g/ps-h	160 ~ 230g/ps-h
착화	전기점화	자기착화
열효율	25 ~ 30%	32 ~ 38%
연소형태	화염전파에 의한 연소	혼합연소 + 확산연소
부하제어원리	혼합기 양의 가감	연료분사기의 가감
부하제어방식	기화기의 스로틀 밸브의 개도	연료분사펌프의 제어

(2) 디젤엔진의 연소

① 디젤엔진의 연소
  ㉠ 디젤엔진은 압축된 고온의 공기에 경유 등의 연료를 미세하게 분사하여 착화시킨 다음에 연소과정으로 진행한다.
  ㉡ 노즐에서 실린더 내에 분사된 연소의 입자는 고압의 공기에 의해서 가열되며, 표면온도가 올라가고 증발을 시작하며, 적당한 온도와 공기 혼합비가 된 상태에서 착화하여 연소가 일어난다.
  ㉢ 착화할 때는 가솔린엔진과 같이 극히 특정한 장소에서 발화하는 것이 아니다.

ⓔ 연소과정
- 착화지연기간(A → B) : 연료분사 후 착화될 때까지의 기간(연소준비기간)
- 화염전파기간(B → C) : 착화지연기간 동안 만들어진 혼합기가 착화되는 기간(폭발적 연소기간)
- 직접연소기간(C → D) : 화염 속에서 연료가 분사되고 분사와 동시에 연소하는 기간(제어연소기간)
- 후기연소기간(D → E) : 연료 분사가 끝난 후 미연소 가스가 연소되는 기간(후연소기간)

② 디젤엔진 연소실

㉠ 구비조건
- 분사된 연료를 가능한 짧은 시간에 완전 연소를 시켜야 한다.
- 평균 유효압력이 높아야 한다.
- 연료 소비율이 적어야 한다.
- 고속회전에서 연소상태가 좋아야 한다.
- 기동이 쉬우며 디젤 노크가 적어야 한다.
- 진동이나 소음이 적고 모양이 간단해야 한다.

㉡ 종류 : 직접분사식, 예연소실식, 와류실식, 공기실식

(3) 엔진의 작동

① 4행정 사이클 디젤엔진

㉠ 흡입행정 : 피스톤의 하강운동에 의해 공기가 실린더 안으로 들어오는 행정이다. 배기밸브는 닫혀 있고, 흡기밸브만 열려있다.

㉡ 압축행정 : 피스톤의 상승운동으로 흡입행정에서 흡입한 공기를 착화온도($500 \sim 550℃$) 이상으로 될 때까지 압축시키는 행정이다. 피스톤이 하사점에서 다시 상승하기 시작하면 흡기밸브를 닫아 공기의 출입문을 막는다.

㉢ 폭발(동력)행정 : 압축행정의 끝 부근에서 분사노즐을 거쳐 $100 \sim 200kg/㎠$의 압력으로 연료를 분사한다. 이때 분사된 연료가 공기의 압축열로 발화 연소되어 피스톤을 밀어 내린다. 이 힘이 동력이 되어 크랭크축에 회전력이 발생한다.

㉣ 배기행정 : 폭발행정에서 일을 한 연소가스를 피스톤이 올라감에 따라 배기밸브를 거쳐 밖으로 보내는 행정이다. 피스톤이 하사점까지 내려가면 배기밸브가 열린다.

㉤ 4행정 사이클 디젤엔진은 피스톤의 흡입, 압축, 동력 및 배기의 4행정, 즉 크랭크축의 2회전으로 1사이클이 완료된다. 디젤엔진에서는 공기만을 흡입, 압축하여 고온이 되게 한다.

② 2행정 사이클 디젤엔진

　㉠ 소기행정 : 연소가스의 압력으로 피스톤이 하강하여 실린더 벽면에 있는 소기구멍이 열리면 과급기(루츠 블로어)에서 압송된 신선한 공기가 실린더 안으로 들어가 배기가스를 밀어냄과 동시에 다음 연소에 필요한 공기가 흡입된다. 이 소제(掃除) 공기는 피스톤이 하사점까지 내려갔다가 다시 상승하여 소기구멍을 닫을 때까지 계속된다.

　㉡ 압축행정 : 피스톤이 상승하여 소기구멍을 닫으면 바로 배기밸브도 닫혀 공기가 압축된다. 압축행정이 끝나는 시기에 실린더 안의 압축공기의 온도는 연료의 착화온도 이상이 된다(약 500℃ 정도).

　㉢ 동력행정 : 압축공기가 연료의 착화온도 이상으로 압축되면 분사노즐에서 연료를 무기분사한다. 이 연료는 공기의 압축열에 의해 착화 연소하여 높은 압력이 생기는데, 이 연소압력에 의해 피스톤이 밀려 내려가 크랭크축에 회전력을 주는 동력이 발생한다.

　㉣ 배기행정 : 피스톤이 하강하여 소기구멍을 열기 전에 먼저 배기밸브가 열려서 연소가스는 자신의 압력으로 배기 구멍을 통해 내기 속으로 배출된다.

　㉤ 2행정 사이클 디젤엔진의 소기방식 : 횡단 소기식(클로스식), 루프 소기식, 단류 소기식(유니플로식)

(4) 엔진의 연료

① 경유

　㉠ 디젤엔진의 연료로는 원유를 정제하여 경유를 쓰게 된다. 발화점은 200 ~ 350℃, 1kg을 완전 연소시키는데 필요한 공기량은 14.4kg(약 11.2m^3) 정도이다.

　㉡ 구비조건
　　• 착화성이 양호하고, 적당한 점도를 가져야 한다.
　　• 인화점이 가솔린보다 높아야 한다.
　　• 불순물이나 유황분이 없어야 한다.
　　• 적당한 휘발성이 있어야 한다.
　　• 잔류탄소가 없으며, 발열량이 높아야 한다.

　㉢ 규격
　　• ASTM 규격
　　• SAE 규격
　　－1－D : 큰 휘발성의 증류유, 고속엔진에 적합
　　－2－D : 중간 정도의 휘발성, 고무엔진에 적합
　　－3－D : 적은 휘발성의 증류유, 중속엔진에 적합
　　－4－D : 보일러용, 유황분 2% 정도, 저속엔진에 적합

(5) 분사펌프

① 분사펌프(인젝션 펌프)의 개념과 구조
- ㉠ 개념 : 연료를 연소실 내로 분사하는데 필요한 압력을 줌과 동시에 엔진의 부하나 회전수의 변화에 따라 각 실린더에 적량의 균일하게, 또 최적인 분사시기에 분사하기 위한 장치이다.
- ㉡ 구조 : 펌프 몸체, 조속기(거버너), 분사시기 조정장치, 연료공급펌프 등으로 구성된다.
- ㉢ 종류 : 연료의 최대 분사량에 따라 A형, B형, P형이 있고, 대표적인 것은 보시(Bosch)형의 열형 인젝션 펌프(A형)이다.

② 연료분사펌프의 기능
- ㉠ 펌프 하우징 : 일반적으로 경합금으로 만들어져 있으며, 연료에 분사압력을 주는 기능을 하는 것이다.
- ㉡ 캠축 : 엔진 크랭크축으로부터 타이밍기어를 거쳐서 작동되며, 플런저를 작동시키는 캠과 연료공급펌프를 구동하는 편심 캠으로 구성된다.
- ㉢ 태핏 : 캠과 접촉되는 부분에 롤러가 설치되어 있고, 펌프 하우징의 가이드 흠에 설치되어 있다. 태핏은 회전하지는 않으나 캠축에 의해 상하운동하며 이 운동을 플런저에 전달한다.
- ㉣ 태핏 간극(톱 간극) : 플런저가 캠에 의해 최고 위치까지 밀어 올려졌을 때 플런저 헤드부와 밸럴 윗면과의 간극을 말하며, 태핏 간극은 0.5mm 정도 둔다.
- ㉤ 펌프 엘리먼트 : 플런저와 플런저 배럴로 구성되며, 펌프 하우징에 고정되어 있는 플런저 배럴 속을 플런저가 상하운동을 하여 연료를 압축하는 일을 한다.

(6) 조속기

① 디젤엔진에서는 최고 회전을 제어하고 엔진에 무리가 걸리는 것을 방지함과 동시에 저속시의 회전을 안정시키기 위하여 조속기를 설치하고 있다.

② **필요성** : 운전사가 가속 페달을 조작하여 연료 분사량을 증감해서 엔진의 회전속도나 출력을 조정할 수 있으나, 특히 공회전 등을 할 때는 부하에 약간의 변동이 있어도 회전속도는 크게 변동한다. 그리고 엔진의 오버런을 방지하기 위해 일정한 회전속도 이상으로 되지 않도록 항상 조정하여야 하는데, 이와 같은 경우에 부하에 따라 분사량의 증감을 자동적으로 조정하여 제어 래크에 전달하는 장치가 필요하며 이것이 조속기이다.

③ **종류**
- ㉠ **공기식 조속기** : 공기식 조속기는 연료의 분사량을 스로틀 밸브의 개도(開度)와 엔진의 회전속도에 따른 부압의 변화를 이용하여 자동적으로 조속(調速)하는 것이다.

ⓛ 기계식 조속기 : 기계식 조속기는 분사펌프의 회전속도의 변화에 따른 플라이 웨이트(추)의 원심력을 이용한 것이다.

④ 앵글라이히 장치와 타이머

　ⓐ 앵글라이히 장치 : 엔진의 고속 회전시의 공기량(공기 과잉율이 큼)과 저속 회전시의 공기량(공기 과잉율이 적음)이 달라지는 모순을 해결하기 위해 운전 시 모든 회전범위에 걸쳐 흡입공기를 유효하게 이용할 수 있게 분사량을 바꿔 공기와 연료의 비율이 일정하게 되도록 한 장치이다.

　ⓛ 타이머(분사시기 조정장치)
　　• 기능 : 노즐에서 분사된 실린더 내의 연료는 착화지연기간을 거친 후 발화 연소한다. 이 착화지연기간은 거의 일정하다고 보아도 좋기 때문에 엔진의 부하 및 회전속도에 따라 분사시기를 변화시켜야 하는데, 이를 위한 것이 분사시기 조정 장치이다.
　　• 종류 : 분사시기 조정 장치에는 수동식과 자동식의 두 종류가 있으며, 자동차용으로는 자동식이 많이 사용되고 있다.

(7) 연료장치

① 연료분사장치

　ⓐ 연료분사장치의 종류 : 독립식(펌프 제어식), 분배식, 유닛분사식, 공동식
　ⓛ 독립식 연료분사장치 : 연료파이프, 연료여과기, 연료공급펌프(피드펌프)

② 분배형 연료분사펌프

　ⓐ 작동원리
　　• 분배형 분사펌프는 소형 고속 디젤엔진의 발전과 함께 개발된 것이며, 하나의 펌프 엘리먼트로 각 실린더에 연료를 공급하게 되어 있다.
　　• 분배형 분사펌프의 작동은 플런저가 회전하면 흡입구멍이 닫혀, 분배구멍이 하나의 출구통로로서 개방된다.
　　• 플런저가 더 회전하면 페이스 캠이 롤러 위에 올라가고, 플런저가 상승하여 연료를 압송하기 시작하며, 딜리버리 스프링을 밀어 올려 노즐에서 연료가 분사된다.

　ⓛ 특징
　　• 소형이고 경량이다.
　　• 부품수가 적다.
　　• 캠의 양정이 아주 작기 때문에 엔진의 고속회전을 얻을 수 있다(엔진 회전수 6,000rpm까지).
　　• 펌프 윤활을 위해 특별한 윤활유를 필요로 하지 않는다.
　　• 플런저가 왕복운동과 함께 회전운동도 하므로 편마멸이 적다.
　　• 플런저의 작동회수가 실린더 수에 비례해서 증가되므로 실린더 수와 최고 회전속도의 제한을 받는다.
　　• 연료 분사량이 균일하고, 엔진 시동이 쉽다.

③ 분사노즐과 노즐 홀더

    ㉠ 분사노즐 : 실린더 헤드에 설치되어 있으며 분사펌프에서 압송되는 고압의 연료를 분사노즐을 통하여 안개모양으로 무화하여 연소실 안으로 분사하는 역할을 하고 있다. 분사노즐은 연료분사펌프의 성능과도 직결되며 엔진의 성능을 발휘하기 위하여 매우 중요한 부분이다.

    ㉡ 분류

- 개방형 노즐 : 노즐의 끝부분이 니들밸브 없이 항상 열려있는 노즐이다.
- 폐지형 노즐 : 자동차용 디젤엔진에서는 폐지형 노즐이 사용되고 있으며, 분사형상에 따라 스로틀형, 핀틀형, 홀형이 있다. 현재 자동차용으로 사용되고 있는 노즐은 스로틀형 또는 홀형이다.

    ㉢ 노즐 홀더 : 노즐을 실린더 헤드에 장치함과 동시에 노즐까지 연료를 보내는 통로의 역할을 하며, 또한 노즐의 분사개시 압력을 조정하는 것이다. 노즐 홀더의 상단부에는 캡 너트가 있으며, 캡 너트에는 오버플로우 파이프가 장치되어 있다.

    ㉣ 분사노즐의 점검 : 노즐의 고장은 주로 연료중의 불순물로 인해 발생하며 노즐의 과열, 취급불량 및 조립불량 등이 그 원인이 된다. 연료분무의 형상이 약 40°의 각도로 끝이 열린 정확한 원뿔형인지, 분사 전·후에 노즐구멍에 후적이 없는지, 분무의 안개입자가 균일한지를 점검한다.

(8) 예열장치

① 예열장치의 필요성 : 디젤엔진은 압축착화 엔진이므로 한랭 시에는 잘 착화되지 않는다. 따라서 시동을 걸기 전에 흡기 다기관 내의 공기를 미리 가열해 주는 장치가 필요하다.

② 기능 : 예열플러그는 겨울철에 외기의 기온이 낮거나, 엔진이 냉각되어 있을 때, 압축열이 실린더나 실린더 헤드 및 피스톤에 흡수되어 연료가 착화할 수 없을 때 연소실 내의 공기를 미리 가열하여 시동이 용이하게 하는 장치이다.

③ 종류

    ㉠ 예열플러그식 : 예연소실식과 와류실식의 엔진에 사용하며, 연소실내의 압축공기를 직접 예열한다.

- 실드형 : 병렬로 결선되며 보호금속관 안에 있는 히트 코일을 결합한 것이다.
- 코일형 : 직렬로 결선되는 것으로 히트 코일 밖으로 노출되어 있다. 현재는 내구성이 좋은 실드형이 많이 사용된다.

    ㉡ 흡기가열식 : 직접분사식 엔진에 사용하며 실린더에 흡입되는 공기를 가열한다.

④ 예열장치 점검

    ㉠ 정격에 맞지 않는 용량의 플러그를 혼용할 때

    ㉡ 엔진의 진동, 과열, 연소가스의 블로바이현상이 발생할 때

ⓒ 저항값이 작아졌을 때

ⓔ 예열기간이 너무 길 때

(9) 과급기

① **과급** : 대기압보다 높은 압력으로 엔진에 공기를 압송하는 것을 과급이라 한다.

② **기능** : 과급을 하면 엔진의 충전효율을 높여 엔진의 축력, 회전력, 연료 소비율의 향상과 착화지연을 짧게 할 수 있다. 특히 2행정 사이클 엔진은 소기작용을 하기 위해 과급이 반드시 필요하다.

③ **구비조건** : 과급기는 엔진의 전 회전범위에 걸쳐 배출압력이 균일하고 효율이 높으며, 과급량에 대한 무게가 가벼워야 한다.

④ **종류**

ⓘ **터보식 과급기**

- **구조** : 배기가스에 의해 회전하는 터빈과 실린더에 공기를 압송하는 임펠러가 하나의 축에 회전자로 결합되어 이것이 터빈 케이스 안에 들어있다.
- **작동** : 엔진의 배기가스가 배기 다기관에서 터빈 케이스로 들어가 터빈을 고속회전(50,000rpm 이상)시킨다. 이때 터빈과 같은 층에 부착되어 있는 임펠러도 동시에 고속 회전하여 공기를 가압 실린더로 보낸다.
- **효과** : 터보식 과급기를 설치하면 엔진의 중량은 10 ~ 15% 증가하는데 반해, 엔진의 출력은 35 ~ 45% 정도 증가한다.

ⓛ **송풍기**

- **구조** : 회전하는 2개의 로우터가 하우징 안에 들어있고, 양 끝은 베어링으로 지지되어 있다.
- **작동** : 엔진 뒤쪽에 있는 크랭크축 기어의 회전이 아이들 기어를 통해 블로어 기어, 세레이션, 로우터 기어, 로우터의 순으로 구동된다.

(10) 커먼레일방식의 연료장치

① **커먼레일방식의 개요** : 커먼레일방식에서는 연료 분사압력 발생과정과 분사과정이 서로 분리되어 있다. 연료분사 압력은 기관 회전속도와 분사된 연료량에 독립적으로 생성되고 각각의 분사과정에서 커먼레일에 저장된다. 분사개시와 연료 분사량은 컴퓨터에서 계측되고, 분사유닛을 경유하여 인젝터를 통해 각 실린더에 공급된다.

② **커먼레일방식의 주요 구성부품** : 고압의 연료를 저장하는 어큐뮬레이터(accumulate : 축압기)인 커먼레일을 비롯하여 초고압 연료 공급장치, 인젝터(injector), 전기적인 입·출력요소, 컴퓨터(ECU) 등으로 되어 있다.

③ 장점

    ㉠ 유해 배기가스의 배출을 감소시킬 수 있다.

    ㉡ 연료 소비율을 향상시킬 수 있다.

    ㉢ 기관의 성능을 향상시킬 수 있다.

    ㉣ 운전성능을 향상시킬 수 있다.

    ㉤ 콤팩트(compact)한 설계와 경량화가 가능하다.

④ 연료장치의 전자제어

⑤ 연료장치의 구성

    ㉠ 연료장치의 구성요소들은 높은 압력의 연료를 형성 분배할 수 있도록 되어 있으며, 컴퓨터에 의해 제어된다. 따라서 연료장치는 기존의 분사펌프에 의한 연료 공급방식과는 완전히 다르다.

    ㉡ 커먼레일방식은 저압 연료라인, 고압 연료라인, 컴퓨터 등으로 구성되며 연료 공급과정은 저압 연료펌프 → 연료여과기 → 고압 연료펌프 → 커먼레일 → 인젝터이다.

⑥ **연료분사**(fuel injection)

    ㉠ **제1단계, 착화분사**(pilot injection) : 주 분사가 이루어지기 전에 적은 양의 연료를 분사하여 연소가 잘 이루어지도록 하기 위한 것이다. 착화분사 실시 여부에 따라 기관의 소음과 진동을 감소시키기 위한 목적을 두고 있다.

    ㉡ **제2단계, 주 분사**(main injection) : 기관의 출력에 대한 에너지는 주 분사로부터 나온다. 주 분사는 착화분사가 실행되었는지를 고려하여 연료량을 계측한다. 주 분사의 기본값으로 사용되는 것은 기관 회전력(가속페달 위치 센서의 값), 기관 회전속도, 냉각수 온도, 대기압력 등이다.

    ㉢ **제3단계, 사후분사**(post injection) : 연료(탄화수소)를 촉매컨버터에 공급하기 위한 것이며, 이것은 배기가스에서 질소산화물을 감소시키기 위한 것이다. 사후분사의 계측은 20ms 간격으로 동시에 실행되며, 최소 연료량과 작동시간을 계산한다.

    ㉣ 연료의 압력과 온도에 따라서 분사량과 분사시기가 보정된다.

CHAPTER 03 섀시

1 동력전달장치

(1) 개념

동력전달장치(Power train system)는 엔진에서 발생한 동력을 구동바퀴까지 전달하기 위한 장치를 말한다.

(2) 동력전달장치의 구성

① 구성 : 동력전달장치는 클러치, 변속기, 추진축, 종감속 기어, 차동장치, 액슬축 등으로 이루어졌다.

② 클러치 : 엔진의 동력을 변속기에 전달하거나 차단하는 장치이다.

　㉠ 구비조건
　　• 동력차단이 신속하고 확실하게 이루어져야 한다.
　　• 회전관성이 적어야 한다.
　　• 방열이 양호하여 과열되지 않아야 한다.
　　• 회전부분의 평형이 좋아야 한다.
　　• 구조가 간단하고 고장이 적어야 한다.

　㉡ 작동원리
　　• 동력의 전달 : 클러치 페달을 놓으면 클러치 스프링이 압력판을 강하게 밀게 되어 압력판과 디스크가 플라이휠에 밀착되고 엔진에서 발생한 동력이 변속기의 압력축에 전달된다.
　　• 동력의 차단 : 클러치 페달을 밟으면 연결된 릴리스 포크가 릴리스 베어링에 압력을 가하고 릴리스 베어링은 릴리스 레버를 밀어서 클러치 스프링에 의하여 플라이휠에 밀착되어 있는 압력판이 클러치판으로부터 떨어져 차단된다.

　㉢ 조작 기구
　　• 기계식 클러치 : 로드나 와이어를 통하여 릴리스 포크를 움직이는 것으로 구조가 간단하고 작동이 확실하여 가장 많이 사용되고 있다.

• 유압식 클러치 : 페달을 밟으면 유압이 발생하여 릴리스 포크를 움직이는 것으로 마스터 실린더에서 발생되는 유압으로 릴리스 포크를 움직이게 하며, 그 사이에 오일파이프와 플렉시블 호스가 유압을 연결한다.

[유압식 클러치의 장·단점]

장점	단점
• 마찰부분이 적어 페달을 밟는 힘이 적어도 된다. • 압력이 빠르게 전달되기 때문에 클러치 조작이 신속하다.	• 조작기구가 복잡하다. • 오일이 새거나 공기가 유입되면 조작이 잘 안 된다. • 기계식에 비하여 가격이 비싸다.

ⓔ 클러치 페달의 자유간극 : 페달이 움직이기 시작하여 릴리스 레버에 힘이 작용할 때까지 움직인 거리를 페달의 자유간극이라 하는데, 클러치의 미끄럼 방지, 클러치판과 릴리스 베어링의 마멸 감소를 위해 둔다. 일반적인 클러치 페달 자유간극은 20∼30mm정도로, 자유간극이 너무 작으면 릴리스 베어링이 조기 마모되고 미끄럼 현상이 발생하며, 간극이 너무 크면 클러치의 단속이 불확실하여 클러치 변속이 잘 안 된다.

ⓜ 클러치의 고장진단 및 점검
• 클러치가 미끄러지는 원인
−클러치 페달의 유격이 너무 작을 때
−페이싱의 마모나 오일이 부착되었을 때
−클러치 스프링이 불량일 때
−플라이휠이나 압력판이 불량일 때
• 클러치의 소음원인
−플라이휠의 볼트가 헐겁거나 클러치 하우징에 접촉되었을 때(페달을 밟았을 때)
−릴리스 레버의 스프링이 노후나 마모되었을 때(페달을 놓았을 때)
−릴리스 베어링의 과대마멸이나 급유부족이 되었을 때(클러치 차단 시)
−릴리스 레버 상호간에 높이의 차이가 날 때
• 클러치의 세척방법 : 유압클러치의 마스터 실린더, 릴리스 실린더 등은 알코올이나 브레이크 오일로 닦아낸다.

③ 변속기 : 자동차의 주행상태에 따라 기어의 물림을 변환시켜 구동력을 증감시키고 전진과 후진 및 중립상태로 할 수 있는 장치이다.
㉠ 수동식 변속기 : 엔진과 추진축 사이에 설치되어 있으며 엔진의 동력을 주행상태에 알맞게 회전력과 회전속도를 바꾸어 구동바퀴에 전달하는 변속기이다.
• 필요성 : 회전력의 증대와 후진 그리고 엔진에 대한 무부하상태를 유지하는데 필요하다.
• 구비조건
−연속적인 변속조작이 가능해야 한다.

- 변속이 쉽고 확실하며 안정적이어야 한다.
- 전달효율이 좋아야 한다.
- 소형이고 경량이어야 한다.
- 종류 : 수동식 변속기에는 섭동기어식과 상시물림식(상시치합식), 동기물림식, 유성기어식 등
ⓛ **자동식 변속기** : 자동차의 주행상태에 따라 클러치 작용과 변속기의 작용이 자동적으로 이루어지며 유체 클러치 또는 토크 변환기 중 하나와 유성기어 유닛 및 제어장치의 3주요부로 구성된다.

[자동식 변속기의 장·단점]

장점	단점
• 엔진이 멈추는 일이 적어 운전하기가 편리하다.	• 구조가 복잡하고 값이 비싸다.
• 발진·가속·감속이 원활하게 되어 승차감이 좋다.	• 연료소비가 10% 정도 많아진다.
• 유체가 댐퍼의 역할을 하여 충격을 흡수한다.	• 밀거나 끌어서 시동할 수 없다.

- 유체 클러치 : 동력을 유체운동 에너지로 바꾸고 이 에너지를 다시 동력으로 바꾸어서 변속기로 전달하는 클러치이다.
- 토크 컨버터 : 토크 컨버터(변환기)는 유체 클러치와 근본적인 원리는 같으며 유체의 운동에너지를 이용하여 회전력(토크)을 자동으로 변환하는 동시에 유체 클러치의 역할을 한다.
- 자동변속 기어부 : 토크 컨버터의 뒷부분에 있는 유성기어와 다판 클러치, 브레이크 밴드, 일방향 클러치 및 유압제어기구로 구성되어 있으며 유성기어 장치를 사용한다.

④ 드라이브 라인(구동장치)

ㄱ **추진축** : 변속기로부터의 동력을 종감속 기어에 전달하는 장치이다.
- 추진축의 구조 : 축은 강한 비틀림 하중을 받으며 고속으로 회전을 하기 때문에 강도를 지닌 속이 비어있는 강관으로 되어 있다.
- 자재이음 요크 : 추진축의 양쪽 끝에 설치되고 어느 한쪽에 이음용의 스플라인축이 설치되어 있다.
- 추진축의 길이 : 길이가 너무 길어지게 되면 비틀림 진동과 굽음 진동이 일어나 위험하게 되므로 축을 둘로 하고 중간에 베어링을 두고 프레임에 설치한다.
- 평형추 : 기하학적 중심과 질량적 중심이 일치되지 않으면 진동을 일으키게 되므로 무게의 평형을 맞추어 주는 것이다.
- 추진축의 고장원인 : 축의 휨이나 마모, 베어링의 파손, 스플라인의 마모

ㄴ **자재 이음** : 각도를 가지고 동력을 전달하는 추진축이나 앞차축 등에 설치되어 자유로이 동력을 전달하기 위한 장치이다. 플렉시블 이음, 등속 이음(CV자재 이음), 트러니언 이음, 십자형 이음 방식이 있다.

⑤ **종감속 기어** : 추진축에서 전달되는 동력을 직각으로 뒤차축에 전달하여 일정한 감속(구동력 증대)을 얻어내기 위한 장치이다.

   ㉠ **웜 기어** : 큰 감속비를 얻을 수 있고 구동축의 높이를 낮출 수 있으나 전동효율이 낮고 열의 발생을 크게 할 수 있다.

   ㉡ **스파이럴 베벨 기어** : 톱니의 형태가 매우 경사지며 구동피니언의 중심과 링기어의 중심을 일치시킨 구조이다.

   ㉢ **하이포이드 기어** : 구동피니언과 스파이럴 베벨 기어를 편심시킨 것이다.

⑥ **차동기어 장치** : 커브길 또는 굴곡 노면에서의 양쪽바퀴의 회전수 차이를 자동적으로 조절해주는 장치이다.

⑦ **차축**

   ㉠ **구동륜 차축** : 엔진에서 변속기, 종감속 기어를 통하여 전달된 구동력을 바퀴에 전달하는 역할과 노면에서 받는 상하, 전후, 좌우방향의 힘을 지지하는 역할을 하는 것으로, 앞바퀴 구동차는 앞차축이, 뒷바퀴 구동차에서는 뒤차축이, 전륜(全輪) 구동차에서는 앞·뒤차축이 여기에 해당된다.

   ㉡ **유동륜 차축** : 차의 무게만 지지하고 구동력을 전달하지 않는 관계로 구동륜 차축에 비하여 구조가 비교적 간단하고 뒷바퀴 구동차의 앞바퀴와 앞바퀴 구동차의 뒷바퀴가 이에 해당된다.

   ㉢ **차축 하우징**
     • 차축 하우징은 종감속 기어, 차동기어 및 차축을 포함하는 튜브모양의 고정축이다.
     • 양 끝은 스프링의 지지부가 마련되어 있으며, 벤조형, 분할형, 빌드업형으로 나누어진다.

2 현가장치

(1) 개념 및 구성

① **개념** : 차축과 프레임을 연결하여 주행 중 노면으로부터 받는 진동이나 충격을 흡수 또는 완화하여 차체나 승차자를 보호하고 화물의 손상을 방지하며 안정성을 향상시키는 장치를 말한다.

② **구성** : 스프링(판스프링, 코일스프링, 토션바 스프링, 공기 스프링), 쇼크업소버(쇽업쇼바), 스태빌라이저

(2) 현가장치의 종류

① **독립 현가장치** : 독립 현가장치는 승차감이나 안정성을 높이기 위하여 양쪽 바퀴를 분할하여 서로 관계없이 움직이는 구조로 되어 있어 승차감이 좋아야 하는 승용차에 많이 사용되고 있다.

    ㉠ **위시본 형식** : 2개의 상·하 서스펜션암과 프레임 사이에 설치된 완충장치로서, 2개의 상·하 볼조인트와 연결된 조향너클 등으로 구성되어 있으며 가장 많이 사용되는 형식이다.

    ㉡ **맥퍼슨 형식** : 현가장치와 조향장치가 하나로 되어 있으며 쇼크업소버가 내장된 스트러트와 볼조인트, 컨트롤암, 스프링 등으로 구성된다. 스트러트의 윗부분은 서스펜션 서포트를 통해 차체에 결합되고 조향할 때는 너클과 함께 스트러트가 회전한다.

② **일체차축 현가장치** : 일체로 된 차축에 양 바퀴가 설치되고 이 차축이 스프링을 거쳐 차체에 설치된 구조로 버스, 트럭의 앞뒤차축, 승용차의 뒤차축 등에 많이 사용된다.

③ **뒤 독립 현가장치** : 뒤 현가장치를 독립 현가장치로 하면 승차감이 향상되고 차체의 밑판을 낮출 수 있으므로 실내의 유효면적이 넓어지기 때문에 승용차에 많이 사용되고 있다.

④ **구동형식**

    ㉠ **호치키스 구동** : 판스프링을 사용할 때 이용되는 형식으로 구동력은 스프링의 끝을 거쳐 차체에 전달되며 리어 앤드 토크나 출발·정지할 때의 비틀림도 스프링에 의하여 흡수된다.

    ㉡ **토크튜브 구동** : 코일 스프링을 사용할 때 이용하는 형식으로 토크튜브 안에 추진축을 설치하며, 구동력은 컨트롤암을 거쳐 차체에 전달되고 리어 앤드 토크튜브가 흡수한다.

    ㉢ **레이디어스암 구동** : 코일 스프링을 이용하는 형식으로 구동력은 차축과 차체를 연결한 레이디어스암이 전달되며 리어 앤드 토크도 레이디어스암이 흡수한다.

(3) 전자제어 현가장치(ECS : Electronic control suspension)

전자제어 현가장치는 자동차의 각 부에 설치된 센서에서 감지한 자동차의 주행조건, 노면상태, 운전자의 스위치 선택 등을 종합하여 ECU가 작동부를 제어하여 차의 높이와 현가장치를 자동 조정하여 주행 중 승차감과 조향성을 향상시켜 주는 장치이다.

① **ECS의 특성**

    ㉠ **스프링의 상수와 완충력 선택**

      • HARD : 조향성이 안정된다.

      • SOFT : 승차감이 향상된다.

      • AUTO : 주행조건에 따라 자동으로 HARD, SOFT를 스스로 선택한다.

    ㉡ **조향휠의 감도 선택** : ECS 패널 스위치의 조작으로 조향휠의 감도를 선택할 수 있다.

ⓒ 차고 조정 : AUTO모드에서는 노면과 주행조건에 따라 표준(NORMAL), 낮음(LOW), 높음(HIGH)이 자동 조정되며 운전자가 조정을 선택할 수도 있다.

ⓔ ECS 패널 스위치 램프 : 운전자의 선택모드가 컨트롤 유닛에 전달되는 동시에 차고상태 및 현가장치의 상태가 램프나 버저에 의해 표시된다.

ⓜ 자가진단 : 입력신호나 출력신호가 비정상일 경우에 경고등이 점등되며 운전자에게 알리고 전자통제가 자동적으로 작동하며 비정상 기능의 형태에 따라 자기진단 점검 터미널로 고장출력 신호를 보낸다. 또한 이 신호는 기억이 되어 점화스위치가 OFF되더라도 소멸되지 않는다.

② **주요 부품의 구조 및 작동**

ⓐ 정보 입력 장치 : 헤드라이트 릴레이, 발전기 L단자, 제동등 스위치, 도어 스위치, 스로틀 위치 센서(TPS), 차속 센서, 조향휠 각속도 센서, 차고 센서

ⓑ 제어장치(컨트롤 유닛) : 각종 센서에서 받은 신호를 감지·판단하여 차고와 스프링상수, 감쇠력 등을 제어한다.

ⓒ 작동장치 : 공기 액추에이터, 공기압축기와 공기압축기 릴레이, 리저브 탱크, 공기 공급 솔레노이드 밸브, 앞·뒤 솔레노이드 밸브

3 조향장치

(1) 개념과 원리

① **개념** : 조향장치는 자동차의 진행방향을 운전자가 의도하는 바에 따라서 임의로 조작할 수 있는 장치이며 조향핸들을 조작하면 조향 기어에 그 회전력이 전달되며 조향 기어에 의해 감속하여 앞바퀴의 방향을 바꿀 수 있도록 되어 있다.

② **원리**

ⓐ **작동원리** : 자동차가 선회할 경우에 모든 바퀴가 미끄러지거나 저항이 있으면 안 되기 때문에 선회 시에는 좌우 앞바퀴의 조향각에 차이를 두어야 한다.

ⓑ **애커먼-장토식(ackerman-jantoud type) 조향장치** : 조향 각도를 최대로 하고 선회할 때 선회하는 안쪽 바퀴의 조향 각도가 바깥쪽 바퀴의 조향 각도보다 크게 되며, 뒷차축 연장선상의 한 점을 중심으로 동심원을 그리면서 선회하여 사이드슬립 방지와 조향핸들 조작에 따른 저항을 감소시킬 수 있는 방식이다.

③ 구비조건

    ㉠ 조향 조작이 주행 중의 충격에 영향을 받지 않을 것

    ㉡ 조작이 쉽고, 방향 변환이 원활하게 행해질 것

    ㉢ 회전반지름이 작아서 좁은 곳에서도 방향 변환을 할 수 있을 것

    ㉣ 진행방향을 바꿀 때 섀시 및 보디 각 부에 무리한 힘이 작용되지 않을 것

    ㉤ 고속주행에서도 조향핸들이 안정될 것

    ㉥ 조향핸들의 회전과 바퀴 선회 차이가 크지 않을 것

    ㉦ 수명이 길고 다루기나 정비하기가 쉬울 것

(2) 조향장치의 구성과 기능

① **조향조작 기구** : 운전자가 직접 조향조작을 하여 각 기구로 전달하는 부분이며 소향휠, 조향축 및 칼럼 등으로 이루어진다.

② **조향기어 기구** : 조향기어는 조향휠의 움직임을 감속함과 동시에 운동의 방향을 바꾸어 링크기구로 전달하는 부분이며 프레임에 고정된 기어기구이다.

③ **조향링크 기구** : 기어기구의 움직임을 앞바퀴에 전달함과 동시에 좌우바퀴의 관계위치를 올바르게 유지하는 부분이며 피트먼암, 드래그 링크, 너클암 및 타이로드 등으로 구성되어 있다.

(3) 동력 조향장치(power steering system)

① **개요** : 가볍고 원활한 조향조작을 위해 기관의 동력으로 오일펌프를 구동하여 발생한 유압을 이용하는 동력 조향장치를 설치하여 조향핸들의 조작력을 경감시키는 장치이다.

② **장 · 단점**

장점	단점
• 조향 조작력이 작아도 된다. • 조향 조작력에 관계없이 조향 기어비를 선정할 수 있다. • 노면으로부터의 충격 및 진동을 흡수한다. • 앞바퀴의 시미현상을 방지할 수 있다. • 조향 조작이 경쾌하고 신속하다.	• 구조가 복잡하고 값이 비싸다. • 고장이 발생한 경우에는 정비가 어렵다. • 오일펌프 구동에 기관의 출력이 일부 소비된다.

③ **분류 및 구조**

    ㉠ **분류** : 제어밸브와 실린더의 형상, 배치에 따라 여러 가지 형식이 있으며 각각의 차량의 용도에 따라 사용한다. 링키지형(조합형, 분리형), 일체형(인라인형, 오프셋 형)으로 구분한다.

ⓛ **구조** : 동력 조향장치는 작동부분(동력실린더), 제어부분(제어밸브), 동력부분(오일펌프)의 3주요
부와 유량 제어밸브 및 유압 제어밸브와 안전 체크밸브 등으로 구성되어 있다.

(4) 전자제어 동력 조향장치(ECPS ; electronic control power steering)

① **차속 감음형 유량 제어방식의 작동** : 차속센서에 의해 주행속도를 검출하여 주행속도에 따라 동력실린
더에 작용하는 유압을 변화시킨다.

② **반력 제어방식의 작동** : 차속센서가 로터리형 유압모터로 되어 있으며 통과하는 유량을 주행속도에 따
라 조절하고 제어밸브의 움직임을 변화시켜 적절한 조향력을 얻도록 한다.

(5) 전동형 동력 조향장치

① **구성** : 차속센서, 회전력 센서, 제어기구, 조향 기어 박스, 3상 브러시 없는 전동기, 회전각도 센서,
감속기구 등으로 구성되어 있다.

② **제어회로의 구성과 작동**

입력부	제어부	출력부
토크센서, 차속센서, 엔진회전수, 전원	EPSCM	모터, 경고등, 아이들 업, 자기진단

(6) 앞바퀴 정렬(휠 얼라인먼트(wheel alignment))

① **개념** : 자동차의 앞바퀴는 어떤 기하학적인 각도를 두고 앞차축에 설치되는데 이처럼 위치나 방향 등
의 상호 관련성을 올바르게 유지하는 정렬상태를 앞바퀴 정렬이라 한다.

② **앞바퀴 정렬의 요소**
  ㉠ **캠버** : 조행핸들의 조작을 가볍게 해주고 앞차축의 휨을 방지한다. 하중을 받았을 때, 앞바퀴의
     아래쪽(부의 캠버)이 벌어지는 것을 방지한다.
  ㉡ **캐스터** : 주행 중 조향바퀴에 방향성을 주고 조향 후에는 직진방향으로 복원력을 준다.
  ㉢ **토인** : 앞바퀴를 평행하게 회전시키고 바퀴가 옆방향으로 미끄러지는 것(사이드슬립)과 마멸을 방
     지하며 조향링크장치의 마멸에 의한 토 아웃됨을 방지한다. 토인은 타이로드의 길이로 조정한다.
  ㉣ **킹핀 경사각(조향축 경사각)** : 캠버와 함께 핸들의 조작력을 가볍게 하고 바퀴의 시미현상을 방지
     하며 앞바퀴에 복원력을 증대시킨다.

PLUS 선회 시 토아웃 : 앞바퀴 선회 시 동심원을 그리며 내륜의 조향각이 외륜의 조향각보다 큰 상태를 말한다.

(7) 4WS (4-wheel steering)

① **개념** : 4WS란 4바퀴 조향을 의미하며, 기존의 자동차에서는 앞바퀴로만 조향하는데 비해 뒷바퀴도 조향하는 장치이다. 4WS는 고속에서의 차로를 변경할 때 안정성이 향상되고, 차고 진입이나 U턴과 같은 회전을 할 때 회전반지름이 작아져 운전이 용이해진다.

② **기능**

    ㉠ 차량 주행역학의 가장 중요한 목표는 능동적 안전도의 향상 즉, 조향성능과 승차감의 향상이며, 4WS는 4바퀴를 모두 조향하여 조향성능을 향상시킨다.

    ㉡ 차체 무게중심에서의 "사이드슬립 각"을 줄여서 안정된 조향을 하도록 한다.

    ㉢ 자동차의 주행속도, 조향핸들 조향각, 요속도의 함수로서 뒷바퀴 조향각을 제어하는 방법과 뒷바퀴 조향각 제어를 통하여 저속주행의 조종성과 고속주행에서 직진 안정성을 대폭적으로 향상시킨다.

4 제동장치

(1) 개념과 구비조건

① **개념** : 제동장치는 주행 중인 자동차를 감속 또는 정지시키거나 주차상태를 유지하기 위한 장치이다. 마찰력을 이용하여 자동차의 운동에너지를 열에너지로 바꾸어 제동 작용을 한다.

② **구비조건**

    ㉠ 차량의 중량과 최고속도에 대하여 제동력이 적당해야 한다.

    ㉡ 신뢰성과 내구력이 뛰어나야 한다.

    ㉢ 조작이 간단해야 한다.

    ㉣ 점검 및 수리가 쉬워야 한다.

    ㉤ 브레이크가 작동하지 않을 때는 각 바퀴의 회전을 방해하지 않아야 한다.

(2) 분류

① 풋 브레이크

   ㉠ 바퀴의 안쪽에 장치되어 있는 브레이크 드럼 또는 브레이크 디스크 등에 마찰재를 밀어 붙여 그 마찰력을 이용하여 제동력을 발생시키는 것을 풋 브레이크라 한다.

   ㉡ **종류** : 기계식 브레이크, 유압식 브레이크, 서보식 브레이크, 공기 브레이크

② 유압식 브레이크

   ㉠ **브레이크 페달을 밟으면** : 마스터 실린더 내의 피스톤이 브레이크액을 휠 실린더로 압송하고, 휠 실린더는 그 유압을 받아 피스톤을 좌우로 벌려 브레이크슈를 드럼에 압축시켜 브레이크 작용을 한다.

   ㉡ **브레이크 페달을 놓으면** : 마스터 실린더 내의 유압이 저하하므로 브레이크슈는 리턴스프링의 작용으로 원래의 위치로 되돌아가고 휠 실린더 내의 브레이크액은 마스터 실린더로 되돌아온다.

   ㉢ **구성** : 마스터 실린더, 휠 실린더, 브레이크슈, 브레이크 드럼, 파이프

③ **디스크 브레이크** : 드럼 대신에 바퀴와 함께 회전하는 강주철제 디스크를 설치하여 그 양쪽의 외주에 유압 피스톤으로 작용하는 브레이크 패드(Brake pad)를 밀어붙여 그의 마찰력에 의해 제동하는 것으로, 방열효과가 뛰어나 브레이크 페이드 현상을 방지할 수 있다.

④ **배력식 브레이크 장치** : 자동차의 대형화·고속화에 따라 페달의 조작력만으로는 제동의 한계가 있다. 배력식 브레이크 장치는 이에 대응하기 위한 장치로, 고속주행 차량이나 중량이 큰 차량을 적은 조작력으로 확실히 제동할 수 있어 운전자의 피로를 경감시키고 안전성을 높인다.

⑤ **공기 브레이크** : 유압이 아닌 브레이크슈를 압축 공기의 압력을 이용하여 드럼에 밀어 붙여서 제동을 하는 장치로, 브레이크 페달의 조작력이 작아도 되며 큰 제동력이 얻어지므로 대형트럭, 버스, 트레일러 등에 많이 사용되고 있다.

⑥ 제3브레이크

   ㉠ **엔진 브레이크** : 엔진 브레이크는 엔진의 회전저항을 이용한 것으로, 언덕길을 내려갈 경우 엔진 스위치를 켠 상태에서 가속페달을 놓으면 엔진이 구동바퀴로부터 반대로 회전되는데 이때의 회전저항에 의해 제동력이 발생되게 하는 브레이크이다.

   ㉡ **배기 브레이크** : 엔진 브레이크의 효과를 높이기 위해 배기 다기관에 적당한 장치를 설치한 것으로, 배기행정에서 배기 다기관 내에 배기가스 또는 공기를 압축하게 되어 있다.

   ㉢ **와전류 리타더** : 추진축과 함께 회전하는 로터 디스크(Rotor disc)와 축전지의 직류 전류에 의해 여자(勵磁)되는 전자석을 가진 스테이터로 되어 있다. 스테이터 코일에 전류가 흐르면 자장(磁場)이 생겨 이 속에서 디스크를 회전시키면 와전류가 흘러 자장과의 상호작용으로 제동력이 생긴다.

⑦ 주차 브레이크(핸드 브레이크)

    ㉠ 센터 브레이크식 : 센터 브레이크식은 추진축에 브레이크 장치를 장착해서 추진축을 돌지 못하게 하여 좌우의 구동바퀴를 제동하는 것으로 트럭이나 버스 등에 주로 사용된다.

    ㉡ 휠 브레이크식 : 휠 브레이크식은 풋 브레이크용의 슈를 기계적으로 확장시켜서 제동하는 형식이다.

⑧ ABS(Antiskid brake system) 브레이크 : 항공기의 첨단 제동장치를 자동차에 이용하여 자동차의 브레이크를 컨트롤하는 장치이다. 스키드 현상(주행 중인 자동차가 급제동을 하게 되면 바퀴는 회전을 멈추지만 자동차 자체는 정지하지 않고 타이어가 미끄러지는 현상)을 방지하기 위해서는 브레이크 페달을 밟았다가 놓는 동작을 반복하여야 하는데 ABS 브레이크 장치는 이런 동작을 자동으로 반복하게 하는 역할을 한다.

(3) 브레이크 오일

① 브레이크 오일은 식물성 피마자기름에 알코올을 혼합하여 사용한다.

② 구비조건

    ㉠ 화학적으로 안전하며, 침전물을 만들지 않아야 한다.

    ㉡ 적절한 점도가 있어야 하고 윤활성이 있으며, 온도에 대한 점도 변화가 적어야 한다.

    ㉢ 비점이 높고, 베이퍼 록을 잘 일으키지 않아야 한다.

    ㉣ 빙점이 낮고, 인화점이 높아야 한다.

    ㉤ 금속, 고무에 대해서 부식, 연화, 팽창 등의 영향을 주지 않아야 한다.

5 　휠, 타이어

(1) 바퀴

일반적으로 바퀴라 하면 타이어와 휠로 이루어져 있다.

① 휠은 타이어와 함께 자동차의 전 중량을 분담하여 지지하고, 제동 및 구동시의 토크, 노면에서의 충격, 선회시의 원심력이나 자동차가 경사졌을 때 생기는 옆방향의 힘 등에 견디고, 또 경량인 것이 요구된다.

② 휠은 타이어를 지지하는 림과 휠을 허브에 지지하는 디스크로 되어 있으며 타이어는 림 베이스에 끼워진다.

③ 타이어는 휠에 끼워져 일체가 되어 회전하며 노면의 충격을 흡수함과 동시에 제동·구동 및 선회 시에는 노면과의 사이에 슬립을 일으키지 않아야 한다.

(2) 휠

① 휠의 종류 : 강판제 디스크 휠, 경합금제 휠, 와이어 스포크 휠

② 림의 종류 : 2분할 림, 드롭 센터 림, 폭이 넓은 드롭 센터 림, 세미 드롭 센터 림, 플랫 베이스 림, 인터 림

(3) 타이어

① 타이어의 분류

    ㉠ 사용 공기압력에 따라 : 고압타이어, 저압타이어, 초저압 타이어 등

    ㉡ 튜브(tube) 유무에 따라 : 튜브 타이어, 튜브리스 타이어

    ㉢ 형상에 따라 : 바이어스(보통) 타이어, 레이디얼 타이어, 스노타이어, 편평 타이어 등

② 타이어의 구조

    ㉠ 트레드(tread) : 노면과 직접 접촉하는 고무부분이며, 카커스와 브레이커를 보호하는 부분이다.

    ㉡ 브레이커(breaker) : 트레드와 카커스 사이에 있으며, 몇 겹의 코드 층을 내열성의 고무로 싼 구조로 되어 있으며 트레드와 카커스의 분리를 방지하고 노면에서의 완충작용도 한다.

    ㉢ 카커스(carcass) : 타이어의 뼈대가 되는 부분이며, 공기압력을 견디어 일정한 체적을 유지하고 하중이나 충격에 따라 변형하여 완충작용을 한다. 카커스를 구성하는 코드 층의 수를 플라이 수(ply rating, PR)라 한다.

    ㉣ 비드부분(bead section) : 타이어가 림과 접촉하는 부분이다.

    ㉤ 사이드 월(Side Wall) : 트레드에서 비드부까지의 카커스를 보호하기 위한 고무 층이며, 노면과는 직접 접촉하지 않는다. 규격, 하중, 공기압 등 타이어의 기본 정보가 문자로 각인된 부위이다.

③ 타이어의 호칭치수

    ㉠ 고압 타이어 : 바깥지름(inch) × 타이어 폭(inch) − 플라이 수

    ㉡ 저압 타이어 : 타이어 폭(inch) − 안지름(inch) − 플라이 수

    ㉢ 레이디얼 타이어 : 레이디얼 타이어는 가령 165/70 SR 13인 타이어는 폭이 165mm, 편평 비율이 0.7, 안지름이 13inch이며, 허용 최고속도가 180km/h 이내에서 사용되는 타이어란 뜻이다. 여기서 S 또는 H는 허용 최고속도표시 기호이며 R은 레이디얼의 약자이다.

④ 타이어의 교환 : 3,000 ~ 5,000km 마다 타이어의 위치를 교환해주면 수명이 20%정도 연장된다.

⑤ 타이어에 생기는 현상

　ⓞ 스탠딩 웨이브 현상(standing wave)

　　• 타이어 접지면에서의 찌그러짐이 생기는데 이 찌그러짐은 공기압력에 의해 곧 회복이 된다. 이 회복되는 힘은 저속에서는 공기압력에 의해 지배되지만, 고속에서는 트레드가 받는 원심력으로 말미암아 큰 영향을 준다. 또 타이어 내부의 고열로 인해 트레드부분이 원심력을 견디지 못하고 분리되며 파손된다.

　　• 방지방법 : 타이어 공기압력을 표준보다 15 ~ 20% 높여 주거나 강성이 큰 타이어를 사용하면 된다. 타이어의 임계 온도는 120 ~ 130℃이다.

　ⓛ 하이드로 플래닝(hydro planing, 수막현상)

　　• 물이 고인 도로를 고속으로 주행할 때 일정 속도 이상이 되면 타이어의 트레드가 노면의 물을 완전히 밀어내지 못하고 타이어는 얇은 수막에 의해 노면으로부터 떨어져 제동력 및 조향력을 상실하는 현상이다.

　　• 방지방법 : 트레드 마멸이 적은 타이어 사용, 타이어 공기압력을 높이고, 주행속도를 낮춘다, 리브 패턴의 타이어를 사용, 트레드 패턴을 카프(calf)형으로 세이빙(shaving) 가공한 것을 사용한다.

⑥ 바퀴평형(wheel balance)

　ⓞ 정적평형 : 타이어가 정지된 상태의 평형이며, 정적 불평형에서는 바퀴가 상하로 진동하는 트램핑(tramping, 바퀴의 상하 진동)현상을 일으킨다.

　ⓛ 동적평형 : 회전 중심축을 옆에서 보았을 때의 평형, 즉, 회전하고 있는 상태의 평형이다. 동적 불평형이 있으면 바퀴가 좌우로 흔들리는 시미(shimmy, 바퀴의 좌우 진동)현상이 발생한다.

6　프레임, 보디, 에어백

(1) 프레임

① 보통 프레임

　ⓞ H형 프레임 : 제작이 용이하며 굽힘에 강하므로 트럭, 버스, 승용차 등에 널리 사용되고 있다.

　ⓛ X형 프레임 : 사이드 멤버 중앙부의 간격을 좁힌 모양으로 만든 것과 크로스 멤버를 X모양으로 장치한 것이 있다.

② **특수 프레임** : 백본형, 플랫폼형, 트러스형

③ **프레임 일체 구조(모노코크 보디)** : 자동차의 보디 자체를 견고하게 제작하여 하중·충격에 견딜 수 있는 구조로 하였으므로 프레임이 필요 없으며 경량화와 바닥을 낮게 했다.

(2) 보디

① **프런트 보디** : 프레임 붙이 구조의 보디에서는 프런트부의 각 부품의 전부가 볼트나 너트로 고정되어 있다.

② **언더 보디** : 모양은 차이에 따라 여러 가지가 있으나 프레임 붙이 구조의 경우는 플로어(Floor)의 아래위에 보강재를 용접한 것, 방음이나 방진을 위해 플로어가 특수한 용접구조로 되어 있는 것 등이 있다.

③ **사이드 보디** : 차체의 굽힘, 비틀림에 대한 강성을 유지하기 위해 필러의 구조는 거의 밀폐된 단면으로 되어 있다.

④ **루프** : 한 장의 패널로서 외부 패널 중 제일 큰 부분을 차지하는 것인데, 보통 루프의 중앙에 루프 패널의 강성을 높일 목적으로 전후 또는 좌우에 보강판을 고정시키고 있다.

⑤ **카울** : 좌우의 앞필러 사이를 연결하는 부재로서 보디의 비틀림 강성을 보강하기 위해 사용되는 것이다.

⑥ **엔진 후드** : 엔진룸의 커버(보닛)이며 한 장으로 된 판이 가장 많이 사용된다.

⑦ **트렁크 리드** : 힌지부에는 도어 패널을 열기 쉽도록 2개의 토션바가 조립되어 있으며 트렁크 리드의 잠금은 록이 스트라이커에 결합하여 잠기게 된다.

⑧ **도어** : 승용차 또는 트럭에 관계없이 같은 구조로 되어 있으며 바깥 패널과 안 패널이 주요 부분이다.

⑨ **시트** : 앞좌석용과 뒷좌석용의 시트가 있으며, 앞좌석용 시트에는 세퍼레이트식과 벤치식이 있고, 뒷좌석용 시트에는 일반적으로 벤치식이 사용되고 있다.

(3) 에어백(air bag)

① **역할** : 자동차가 충돌할 때 운전자와 직접 접촉하여 충격 에너지를 흡수해준다.

② **구비조건** : 높은 온도 및 낮은 온도에서 인장강도, 내열강도 및 파열강도를 지니고 내마모성, 유연성을 유지해야 한다.

③ **구성요소**

　㉠ **에어백 커버** : 에어백을 둘러싸고 있으며, 에어백을 전개할 때 에어백이 잘 전개되기 위해서 레이 저나 열도(熱刀)로 전개 라인을 플라스틱 뒷면에 칼집이나 구멍(완전히 뚫리지는 않음)을 낸 커 버의 티어 심(tear seam)이 갈라지면서 에어백이 부풀어 나올 수 있는 통로를 만드는 구조로 되어있다.

　㉡ **인플레이터**(inflater) : 자동차가 충돌할 때 에어백 ECU(air bag control unit)로부터 충돌신호를 받아 에어백 팽창을 위한 가스를 발생시키는 장치이며, 단자의 연결부분에 단락 바를 설치하여 모듈을 떼어낸 상태에서 오작동이 발생되지 않도록 단자 사이를 항상 단락 상태로 유지한다.

　㉢ **충돌검출 센서** : 센서는 자동차 내 특정지점의 가속도를 측정하여 자동차의 충돌 및 충격량을 검 출하는 센서로 대표적으로 가속도센서가 이용되고 있다.

　㉣ **클록 스프링**(clock spring)
　　• 핸들에 있는 스위치의 작동을 위해 전기를 연결하는 역할부터 에어백 ECU와 운전석 에어백 모듈 사이의 배선을 연결하는 기능으로 내부에 감길 수 있는 종이 모양의 배선을 설치하여 시계의 태엽 처럼 감겼다 풀렸다 할 수 있도록 작동한다.
　　• 클록 스프링은 조향휠과 같이 회전하기 때문에 반드시 중심점을 맞추어야 한다. 만일 중심이 맞지 않으면 클록 스프링 내부 배선이 단선되어 에어백이 작동하지 않을 수 있다.

　㉤ **승객유무 검출센서**(PPD : passenger presence detect) : 승객석 시트 쿠션부분에 설치되어 있으 며, 승객석에 승객이 탑승하면 정상적으로 승객석 에어백을 전개시키고 탑승하지 않은 경우에는 전개하지 않는 제어를 하기 위해 설치된다.

　㉥ **안전벨트 프리텐셔너**(seat belt pretensioner) : 자동차가 충돌할 때 에어백이 작동하기 전에 작동 하여 안전벨트의 느슨한 부분을 되감아 주는 기능을 수행한다. 따라서 충돌할 때 승객을 시트에 고정시켜 에어백이 전개할 때 올바른 자세를 유지할 수 있도록 한다.

CHAPTER 04 전기

1 축전지

(1) 축전지의 개요 및 역할

① 개요 : 자동차의 각 전기장치를 작동하게 하는 전원에는 축전지와 충전장치가 있다. 엔진이 운전중일 때는 충전장치가 각 전기장치의 전원으로 작동하고 있으나, 엔진이 정지하고 있을 때나 기동할 경우에는 충전장치에서 전력을 공급받을 수 없고 필요한 전원은 축전지에서 얻어야 된다.

> **PLUS** 전지 ··· 전지에는 1차 전지와 2차 전지가 있으며, 자동차에는 충전이 가능한 2차 전지가 사용된다. 2차 전지에는 납산 축전지와 알칼리 축전지가 있는데, 자동차용 축전지로는 납산 축전지가 사용되고 있다.

② 역할 : 축전지는 자동차에 전원을 공급하는 공급원으로 납과 산의 화학적 작용으로 전기에너지를 발생시켜 시동시 전원으로 작용하며, 운전중에 생기는 충전장치의 출력부족이나 전압변동을 보상하여 안정된 전원을 공급한다.

(2) 축전지의 종류

① 알칼리 축전지 : 고율의 방전성능이 우수하고 과충전, 과방전 등 불리한 사용조건에서도 성능이 떨어지지 않으며 사용기간도 10 ~ 20년이나 된다. 그러나 값이 비싸며 대량 공급이 곤란하여 일부 특수자동차에서만 사용된다.

② 납산 축전지 : 제작이 쉽고 가격이 저렴하여 거의 모든 자동차가 사용하고 있으나, 중량이 무겁고 수명이 짧다.

　㉠ 건식 축전지

　　• 건식 축전지는 완전히 충전된 상태에 있는 음극판이 산화되지 않도록 건조한 것과 양극판을 품질이 우수한 격리판으로 분리한 것이다.

　　• 사용할 때까지 전해액을 넣어 두지 않는다.

　　• 습기를 차단하고 밀봉해 장기간 보관할 수 있다.

　　• 사용할 때는 제작회사가 지정한 비중의 묽은 황산을 넣고 잠시 충전한다.

ⓛ 습식 축전지 : 제작회사에서 출고될 때 충전하고 전해액이 들어 있는 것과, 충전되지 않고 전해액이 들어 있지 않아 사용할 때 전해액을 넣고 오랜 시간 충전해야 하는 두 종류가 있다.

📖 **PLUS** 납산 축전지의 구조 … 현재 가장 많이 사용되고 있는 납산 축전지의 경우 하나의 케이스 안은 여러 개의 작은 셀(Cell)로 나누어지고, 그 셀에 양극판과 음극판 및 전해액인 묽은 황산이 들어 있으며, 이들이 서로 화학반응을 일으켜 셀마다 약 2.1V의 기전력이 발생한다.

(3) 축전지의 구조

① 케이스
　ⓐ 극판군과 전해액을 넣는 상자로서 충격이나 산(酸)에 강하다.
　ⓑ 전기적으로 절연체이어야 하기 때문에 에보나이트나 투명한 합성수지 등이 사용되고 있다.

② 극판
　ⓐ 극판은 양극판과 음극판이 있으며 격자(Grid) 속에 산화납의 가루를 묽은 황산으로 개서 풀 모양으로 된 것을 충전·건조한 다음 전기 화학처리를 하면 양극판은 다갈색의 과산화납으로, 음극판은 해면모양의 다공성이 풍부한 납의 작용물질로 변화한다.
　ⓑ 극판의 두께는 2 ~ 3mm의 것이 사용되고 있다. 최근에는 1.5mm 정도의 극판이 생산된다.

③ 격리판
　ⓐ 양극판과 음극판 사이에 설치하며 양극판이 단락되는 것을 방지한다.
　ⓑ 격리판은 우선 비전도성이어야 하며, 다공성(多孔性)으로 전해액의 확산과 부식이 방지되어야 한다. 또한 기계적 강도와 극판에 해로운 물질을 내뿜지 않아야 한다.

④ 극판군 : 극판군은 하나의 단전지(1셀)를 말하며, 셀당 기전력은 약 2.1V 정도이다. 그러므로 12V의 축전지라면 6개의 셀을 직렬로 연결한 것이다.

⑤ 커넥터
　ⓐ 셀을 직렬로 접속하기 위해 셀의 음극과 이웃한 셀의 양극을 커넥터로 접속한다.
　ⓑ 커넥터는 큰 전류가 흘러도 파열되거나 전압이 강화되지 않도록 단면적이 큰 납합금으로 되어 있다.

⑥ 단자
　ⓐ 축전지의 단자는 양극단자와 음극단자가 있으며, 외부 회로와의 접속·분리가 쉽고 또 확실하게 접촉되도록 테이퍼로 되어, 아랫부분은 굵으며 끝부분은 가늘게 되어 있다.
　ⓑ 단자는 납합금으로 되어 있다.
　ⓒ 양극단자는 직경이 크고 ⊕ 또는 P로 표시하며 붉은 색이다. 음극단자는 직경이 작으며 ⊖ 또는 N으로 표시하며 회색 또는 검은색이다.

⑦ 전해액

    ㉠ 전해액은 순도가 높은 무색, 무취의 묽은 황산이다.

    ㉡ 전해액의 비중은 완전 충전상태(20℃)에서 1,240(열대지방), 1,260(온대지방), 1,280(한랭지방)의 3종류를 사용한다.

    ㉢ 전해액의 비중과 온도는 반비례한다.

(4) 축전지의 특성

① 축전지의 용량

    ㉠ 축전지의 용량은 극판의 크기, 극판의 수, 전해액의 양에 따라 정해진다.

    ㉡ 용량의 표준온도는 25℃이다.

    ㉢ 축전지의 용량은 비중(전해액 속에 들어 있는 황산의 양)에 따라 달라진다.

    ㉣ 축전지 연결에 따른 용량과 전압의 변화
- 직렬연결 : 전압은 상승하나 용량은 변하지 않는다.
- 병렬연결 : 전압은 변하지 않으나 용량은 증가한다.
- 직 · 병렬연결 : 전압과 용량이 동시에 증가한다.

② 방전

    ㉠ 방전종지전압 : 1셀당 1.75V이며 방전종지전압 이하로 내려가면 재충전을 할 수 없다.

    ㉡ 자기방전 : 충전된 축전지를 방치하여 두면 사용하지 않아도 조금씩 자연 방전하여 용량이 감소된다. 이 현상을 자기방전이라 한다.

PLUS 자기방전의 원인
- 구조상 부득이한 것 : 음극판의 작용물질인 해면모양의 납이 황산과의 화학작용으로 황산납이 되면서 수소가스를 발생시키고 자기방전 된다.
- 불순물에 의한 것 : 전해액에 포함되어 있는 불순 금속에 의해 국부전지가 구성되어 자기방전 된다.
- 누전에 의한 것 : 축전지 표면에 전기회로가 형성되어 전류가 흐르기 때문에 자기방전 된다.
- 단락에 의한 것 : 극판의 탈락된 작용물질이 축전지 내부의 아래 부분이나 옆 부분에 퇴적되거나 격리판이 파손되면 양극판이 단락되어 자기방전 된다.

    ㉢ **자기방전량의 표시** : 방전량은 축전지 용량의 백분율(%)로 표시한다.

    ㉣ **방지책** : 자기방전을 감소시키기 위해서는 축전지를 되도록 어둡고 통풍이 잘 되는 찬 곳에 보관하는 것이 좋다.

    ㉤ **정기적 충전** : 축전지를 장기간 방치하여 두면 극판이 불활성 황산납으로 되어 다음에 충전하여도 원래의 상태로 되돌아가지 않는다.

(5) 축전지의 충전

① **초충전** : 축전지를 만든 후 전해액을 넣고 처음으로 활성화하기 위한 충전을 말한다.

　　㉠ **습식 축전지** : 제작회사가 지정한 비중의 전해액을 넣고 2시간 이상 12시간 이내에 축전지의 20 시간률 또는 그 1/2 정도의 전류로 60 ~ 70시간 연속 충전한다.

　　㉡ **건식 축전지** : 제작회사가 지정한 비중의 전해액을 넣어서 충전한다.

② **보충전** : 사용중 소비된 용량을 보충하거나 자기방전에 의해 용량이 감소된 경우에 충전하는 것으로 보통 2주마다 한다.

　　㉠ **보통 충전**
　　　• 정전류 충전 : 충전할 때 처음부터 끝까지 일정한 전류로 충전하는 방법이며, 축전지 용량의 10% 정도의 전류로 충전한다.
　　　• 단별전류 충전 : 충전중의 전류를 단계별로 감소시키며 충전한나. 충전말기에 충전전류를 감소시키기 때문에 가스 발생시의 전력손실과 위험을 방지한다.
　　　• 정전압 충전 : 처음부터 끝까지 일정전압으로 충전하고 충전이 끝나면 정전류 충전으로 비중을 조정한다.

　　㉡ **급속 충전** : 시간을 줄이기 위하여 대전류(용량의 50%)로 충전하나, 축전지의 수명을 단축시키므로 긴급한 때 이외에는 사용하지 않는다.

③ **충전시 주의사항**

　　㉠ 충전장소는 환기장치를 하고 화기를 멀리한다.
　　㉡ 축전지의 온도가 45℃ 이상이 되지 않게 한다.
　　㉢ 각 셀의 필러플러그를 열어 놓는다.
　　㉣ 원칙적으로 직렬접속으로 충전한다.
　　㉤ 과충전(열이 나고 케이스나 단자가 솟아오름)이 되지 않도록 한다.
　　㉥ 축전지를 떼어내지 않고 급속충전할 때는 양쪽 케이블을 분리한다.

2 점화장치

(1) 축전지식 점화장치

① **축전지** : 자동차에 사용되는 축전지는 납산 축전지이다.

② **점화스위치** : 점화장치 회로의 전류를 단속하여 엔진을 기동시키거나 정지시키는 것으로 운전석에서 키로 여닫는다.

③ **점화코일** : 점화플러그가 불꽃방전을 할 수 있도록 축전지나 발전기의 낮은 전압을 높은 전압으로 바꾸는 유도 코일이다.

④ **배전기** : 점화코일에서 유도된 고압의 전류를 엔진의 점화순서에 따라 각 실린더의 점화플러그에 배분하는 역할을 하는 장치이다.

⑤ **고압 케이블** : 고압 케이블은 점화코일에서 발생된 고압전류를 점화코일의 2차 단자에서 배전기 캠의 중심단자에, 그리고 배전기 캡의 측방단자에서 점화플러그로 흐르게 하는 10kΩ의 저항을 둔 고압선이다. 고주파 전류를 막기 위한(라디오나 통신기의 잡음방지) 것이다.

⑥ **점화플러그** : 점화플러그는 실린더 헤드에 나사로 꽂혀 있으며 점화코일의 2차 코일에서 발생하는 고압전류를 중심 전극을 통하여 접지 전극과의 사이에서 불꽃방전을 일으켜 혼합기에 점화하는 역할을 하는 장치이다.

> **PLUS** 점화플러그의 구비조건
> • 고온에 견딜 수 있어야 하고, 온도의 급격한 변화에도 견딜 수 있어야 한다.
> • 엔진의 진동에 의한 충격뿐만 아니라, 급변하는 압력에도 견딜 수 있는 기계적 강도가 필요하다.
> • 화학적 침식에 견디어야 한다.
> • 고온 고압에 의해 가스가 블로바이 되지 않도록 기밀을 유지해야 한다.
> • 엔진운전 중 전극 부근은 400 ~ 800℃ 정도의 온도로 유지되어야 한다.
> • 절연성이 좋아야 한다.

(2) 반도체 점화장치

① 반도체 점화장치의 특징
　㉠ 전류의 차단 · 저속성능 안정
　㉡ 고속성능 향상
　㉢ 착화성 향상
　㉣ 신뢰성 향상
　㉤ 전자제어 가능

② **트랜지스터식 점화장치** : 저속이나 고속에서 엔진의 성능을 향상시키고 점화장치의 신뢰성이 향상되어 점화시기를 정확하게 제어할 수 있으며, 2차 코일에서 안정된 고전압을 얻을 수 있는 점화장치로 접점식과 무접점식이 있다.

③ **축전기식 점화장치(C.D.I 점화장치)** : 축전기에 400V 정도의 직류전압을 충전시켜 놓고, 점화시 점화코일에 1차 코일을 통하여 급격히 방전시켜 2차 코일에 고전압을 발생시키는 점화장치이다.

④ **컴퓨터방식 점화장치(H.E.I 점화장치)** : 엔진의 회전수, 부하, 온도의 상태를 각종 센서가 감지하여 전자제어유닛(ECU)에 입력하면, ECU가 점화시기를 연산하여 1차 전류를 차단하는 신호를 파워 트랜지스터로 보내 고압의 2차전류를 발생하게 하는 원리로 된 점화장치이다.

3 기동장치

(1) 기동장치의 종류

① **직권식** : 짧은 시간에 큰 회전력이 요구되는 자동차에 가장 알맞은 형식으로, 계자 코일과 전기자 코일이 직렬로 연결되어 있는 장치이다.

② **분권식** : 계자 코일과 전기자 코일이 병렬로 연결되어 있는 장치로, 회전속도는 일정하나 토크가 비교적 적다.

③ **복권식** : 계자 코일과 전기자 코일이 직·병렬로 연결되어 있는 장치이다.

(2) 기동 전동기의 구조와 기능

① **전동기부**

　㉠ **전기자** : 전기자는 축, 철심, 전기자 코일, 정류자 등으로 구성된다.

　㉡ **정류자** : 정류자는 경동으로 만든 정류자편을 원형으로 조립한 것이다.

　㉢ **계철과 계자 철심**

　　• 계철 : 자력선의 통로가 되며, 전동기의 틀이 되는 것이다. 안쪽 면에는 계자코일을 지지하고 자극이 되는 계자 철심이 나사로 고정되어 있다.

　　• 계자 철심 : 계자 코일을 감아서 전류가 흐르면 전자석이 된다. 계자 철심의 수에 따라 전자석의 수가 정해지며, 계자 철심이 4개이면 4극이라고 한다.

　㉣ **계자 코일** : 계자 철심에 감겨져 자력을 일으키는 코일을 말하는 것이다.

ⓜ 브러시와 브러시홀더 : 브러시는 브러시홀더에 지지되어 있으며 정류자를 통하여 전기자 코일에 전류를 출입시키는 장치로 보통 4개(절연된 홀더에 지지된 것 2개, 접지된 홀더에 지지된 것 2개)를 사용한다.

② **동력전달기구** : 전동기에서 발생한 회전력(토크)을 피니언 기어를 통하여 플라이휠에 전달하여 엔진을 회전시키는 장치이다.

　ⓐ **벤딕스식(관성 섭동형)** : 피니언의 관성과 직권 전동기가 무부하상태에서 고속 회전하는 성질을 이용한 방식이다.

　ⓑ **피니언 섭동식(전자식)** : 전자식 스위치인 솔레노이드를 사용해서 피니언의 섭동과 기동 전동기 스위치를 개폐하는 방식으로, 현재 가장 많이 사용된다.

　ⓒ **전기자 섭동식** : 피니언이 전기자축에 고정되어 있어 두 개가 동시에 링기어에 물리는 방식이다.

③ **오버 러닝 클러치**

　ⓐ **기능** : 엔진이 기동된 다음 엔진에 의해 전동기가 고속으로 회전하는 것을 방지하는 것으로 전동기의 회전력은 엔진쪽으로 전달이 되지만 엔진쪽으로부터 전동기에는 회전력이 전달되지 않는다.

　ⓑ **종류** : 오버 러닝 클러치는 롤러식, 스프래그식, 다판 클러치식이 있으며 피니언 섭동식과 전기자 섭동식에 사용된다.

4　충전장치

(1) 개념 및 구비조건

① **충전장치의 개념 및 구성**

　ⓐ **개념** : 충전장치는 주행중인 자동차의 전기장치에 전기를 공급하고 기동시 소모된 축전지를 충전하는 일련의 장치이다.

　ⓑ **구성** : 충전장치는 발전기에 따라 직류(DC) 충전장치와 교류(AC) 충전장치가 있으며 교류(AC) 충전장치가 주로 사용되고 있다. 충전장치는 발전기, 발전기 조정기, 전류계와 충전경고등 등으로 구성된다.

② **충전장치의 구비조건**

　ⓐ 소형, 경량이어야 한다.

　ⓑ 저속, 고속에 관계없이 충전이 가능해야 한다.

　ⓒ 출력이 크고 맥동없이 안정되어야 한다.

② 전파장애나 불꽃이 발생하지 않아야 한다.

⑩ 정비, 점검이 쉽고 내구성이 좋아야 한다.

(2) 충전장치

① 직류(DC) 충전장치

　㉠ 직류 발전기는 전자유도작용에 의해 기전력이 발생하며, 전기자 코일에 발생한 교류를 정류자와 브러시로 정류하여 직류 전류를 얻는 것이다.

　㉡ 직류 발전기는 출력제어의 문제 때문에 자여식 분권방식이 사용되며, 처음에는 계자 철심에 남아있던 잔류 자기에 의해 발전된다.

　㉢ 직류 발전기의 구조

　　• 전기자 : 계사 내에서 회전하어 전류를 빌생시키며, 진기자 축과 정류자로 되이 있다.

　　• 계철과 계자 철심 : 계철은 자력선의 통로가 된다.

　　• 계자 코일 : 계자 철심 주위에 감겨있는 계자 코일에 전류가 흐를 때 계자 철심에 자화하도록 되어 있다.

　　• 브러시 : 브러시는 정류자에 스프링의 압력으로 접촉되어 전기자에서 발생한 전류를 정류하여 외부에 내보내는 일을 한다.

　㉣ 직류 발전기의 조정기

　　• 전압 조정기 : 전압 조정기는 발전기의 전압을 일정하게 유지하는 역할을 하는 장치로, 발생 전압이 규정값보다 커지면 계자 코일에 직렬로 저항을 넣어 발생 전압을 저하시키고, 발생 전압이 낮아지면 저항을 빼내어 발생 전압이 높아지게 한다.

　　• 전류 조정기 : 전류 조정기는 발전기의 발생 전류를 조정하여 과대 전류에 의한 발전기의 소손을 방지하는 장치이다.

　　• 컷 아웃 릴레이 : 컷 아웃 릴레이는 발전기가 정지되어 있거나 발생 전압이 낮을 때 축전지에서 전류가 역류하는 것을 방지하는 역할을 하는 장치이다.

② 교류(AC) 충전장치

　㉠ 교류 발전기는 회전속도에 관계없이 양호한 충전을 할 수 있는 장치이다.

　㉡ 교류 발전기의 스테이터 코일에서 발생한 전류는 교류이므로 실리콘 다이오드로 정류하여 직류로 바꾸어 충전하거나 전장품의 전력으로 공급을 한다.

　㉢ 교류 발전기의 특징

　　• 소형, 경량이고 속도 변동에 따른 적응범위가 넓다.

　　• 가동이 안정되어 있어서 브러시의 수명이 길다.

　　• 역류가 없어서 컷 아웃 릴레이가 필요 없다.

- 브러시에는 계자 전류만 흐르기 때문에 불꽃 발생이 없고 점검 · 정비가 쉽다.
- 다이오드를 사용하기 때문에 정류 특성이 좋다.

② 교류 발전기의 구조
- 스테이터 : 얇은 규소 강판을 여러 장 겹쳐 만든 철심(스테이터 코어)과 세 가닥의 독립된 스테이터 코일로 되어 있으며, 엔트 프레임에 고정되어 있다.
- 로터 : 로터는 로터 철심(코어), 로터 코일, 슬립링 및 로터축으로 구성된다.
- 브러시 : 로터축에 연결된 슬립링 위를 섭동하면서 로터 코일에 여자 전류를 공급한다.
- 다이오드 : 6개의 실리콘 다이오드가 케이스 속에 설치되며 이것에 리드 단자를 납땜하여 밀봉한 것으로 +쪽과 −쪽의 극성이 역으로 되어 있다.

⑩ 교류 발전기 조정기
- 교류 발전기는 실리콘 다이오드를 사용하기 때문에 역류하거나 과대 전류가 흐르지 않으므로, 전류 조정기나 컷 아웃 릴레이는 필요가 없고 전압 조정기만 있으면 된다.
- 교류 발전기 조정기는 전압 조정기와 전압 릴레이로 구성된다.
- 전압 조정기 : 발전기의 발생 전압을 규정 전압으로 유지시키는 일을 한다.
- 전압 릴레이 : 충전 경고등을 점멸하는 동시에 전압 조정기의 코일 전류를 단속하는 작용을 한다.

5 등화장치

(1) 등화장치의 종류

① 조명용
- ㉠ 전조등 : 야간운행을 위한 조명
- ㉡ 안개등 : 안개 속에서의 운행을 위한 조명
- ㉢ 실내등 : 실내조명
- ㉣ 계기등 : 계기판의 각종 계기 조명
- ㉤ 후진등 : 후진 방향조명

② 표시용
- ㉠ 차고등 : 차의 높이 표시
- ㉡ 차폭등 : 차의 폭을 표시
- ㉢ 주차등 : 주차중임을 표시
- ㉣ 번호판등 : 번호판의 번호 조명
- ㉤ 후미등 : 차의 후미를 표시

③ 신호용

　　㉠ 방향지시등 : 차의 주행방향 신호

　　㉡ 브레이크등 : 풋브레이크 작동 신호

④ 경고용

　　㉠ 유압등 : 윤활장치 내 유압이 규정 이하일 때 점등 경고

　　㉡ 충전등 : 축전지에 충전되지 않을 때 점등 경고

　　㉢ 연료등 : 연료탱크의 연료량이 규정 이하일 때 점등 경고

⑤ 장식용(장식등) : 버스나 트럭의 윗부분 장식

(2) 배선방식

① 단선식 : 부하의 한 끝을 자동차의 차체나 프레임에 접지하는 방식으로, 배선은 전원쪽의 선 하나만이 접속된다.

② 복선식 : 접지쪽에도 전선을 사용하며 접촉 불량 등이 생기지 않도록 정확하게 접지하는 방식이다.

> **PLUS** 전선 … 단선으로 된 것과 여러 가닥을 모아서 만든 선이 있으며 대개 피복된 것을 사용한다.

(3) 각종 등화장치

① 전조등 : 전조등은 야간에 자동차가 안전하게 주행하기 위해 전방을 조명하는 등을 말한다.

② 후미등 : 후미등은 야간에 주행하거나 정지하고 있을 경우에 자동차의 존재를 뒤차나 보행자에게 알리는 등으로, 전조등 회로에 접속되어 전조등과 함께 동시에 켜지도록 되어 있다.

③ 제동등 : 제동등은 뒤차에 브레이크 작동을 알리는 등으로, 브레이크 페달에 스위치가 부착되어 브레이크 작동시 등이 켜진다. 제동등은 후미등과 겸용하는 겸용식과 단독식이 있다.

④ 번호판등 : 번호판등은 번호판의 위치나 자동차의 형상에 따라 번호판의 상하 또는 좌우의 방향에서 번호판을 조명하게 되어 있는 등이다.

⑤ 후진등 : 후진등은 뒤 범퍼 또는 프레임에 설치되거나 뒤 조합등 속에 포함되어 있는 등으로, 어느 것이나 변속기의 변속 레버를 후진 위치로 놓으면 점등되는 구조로 되어 있다.

⑥ 방향지시등 : 방향지시등은 자동차의 회전 방향을 다른 차나 보행자에게 알리는 등으로 안전상 중요한 등화다.

PLUS 방향지시등 작동시 구비조건
㉠ 방향 지시 신호를 운전석에서 확인할 수 있어야 한다.
㉡ 방향 지시 회로에 이상이 있을 때는 운전석에서 확인할 수 있어야 한다.
㉢ 점멸식 방향 지시등일 때에는 점멸 주기에 변화가 없어야 한다.

6 안전 · 계기장치 및 냉 · 난방장치

(1) 안전장치

① **경음기** : 경음기는 다른 자동차나 보행자에게 주의를 주고자 하는 장치로 전기식과 공기식이 있다. 전기식은 전자석에 의해 금속으로 만든 다이어프램을 진동시켜 소리를 나게 하는 방식으로 현재 가장 많이 사용되고 있다.

② **윈드 실드 와이퍼** : 윈드 실드 와이퍼는 비가 오거나 눈이 올 경우에 운전자의 시계를 보호하기 위해 자동차의 앞면 유리를 닦아내는 장치이다.

    ㉠ **진공식** : 엔진의 흡입행정에서 발생하는 부압을 동력으로 이용하는 방식으로, 엔진의 운전상태에 따라 부압이 변화되어 동력이 균일하게 되지 않기 때문에 현재 거의 사용되지 않는다.

    ㉡ **전기식** : 축전지의 전류로 전동기를 회전시키는 방식으로, 비나 눈이 내리는 상태에 충분히 대응할 수 있는 성능을 가지고 있어 현재 거의 대부분 전기식을 사용하고 있다.

(2) 계기장치

① **개념** : 자동차용 계기는 자동차의 주행상태와 각종 장치의 작동에 대한 정보를 운전석에 전달 표시하는 장치로, 주요한 것은 속도계, 전류계, 유압계, 연료계 및 수온계 등이다.

② **계기장치의 구비조건** : 자동차에 사용되는 계기는 일반 측정기와는 달리 일종의 표시기로서 악조건인 상황하에서 사용된다. 따라서 다음과 같은 조건을 구비해야 한다.

    ㉠ 구조가 간단하고 내구성과 내진성이 있어야 한다.

    ㉡ 소형, 경량이어야 한다.

    ㉢ 지시가 안정되어 있고 확실해야 한다.

    ㉣ 지시를 읽기 쉬워야 한다.

    ㉤ 가격이 저렴해야 한다.

③ 속도계

　ⓐ 속도계는 자동차의 시간당 주행속도를 나타내는 일종의 속도지시계이다.

　ⓑ 일반적으로 총주행거리를 나타내는 적산거리계와 수시로 0으로 되돌려 일정한 주행거리를 측정할 수 있는 구간거리계 등이 함께 조립되어 있다.

④ 전류계

　ⓐ 전류계는 축전지에서 방전되는 전류의 크기 또는 발전기에서 축전지에 충전되는 전류의 크기를 표시하는 계기이다.

　ⓑ 전류계는 충·방전 전류의 양쪽을 측정하는 것이므로 0을 중심으로 좌우에 균등하게 눈금이 새겨져 있으며, 보통 0에서 오른쪽이 충전을 왼쪽이 방전을 나타낸다.

　ⓒ 충전과 방전의 구별은 지침의 흔들리는 방향으로, 또 전류의 크기는 흔들리는 양으로 표시된다.

⑤ 유압계

　ⓐ 유압계는 엔진의 윤활회로 내의 유압을 알려주는 계기이다.

　ⓑ 종류 : 부어든 튜브식, 바이메탈식, 밸런싱 코일식, 유압 경고등식이 있다.

⑥ 연료계

　ⓐ 연료계는 연료탱크 내의 연료의 양을 표시하는 계기이다.

　ⓑ 종류 : 밸런싱 코일식, 서모스탯 바이메탈식, 바이메탈 저항식이 있다.

⑦ 온도계

　ⓐ 온도계는 엔진의 물재킷 내 냉각수의 온도를 표시하는 계기이다.

　ⓑ 종류 : 밸런싱 코일식, 서모스탯 바이메탈식, 바이메탈 서미스터식이 있다.

(3) 냉·난방장치

① 개요 : 온도, 습도 및 풍속을 쾌적 감각의 3요소라고 하며, 이 3요소를 제어하여 안전하고 쾌적한 자동차 운전을 확보하기 위해 설치한 장치를 냉·난방장치라고 한다.

② 냉·난방장치의 기능

　ⓐ 적당한 공기 유지 : 송풍장치

　ⓑ 깨끗한 공기 유지 : 환기장치, 청정기

　ⓒ 적당한 습도 유지 : 제습장치, 가습장치

　ⓓ 적당한 온도 유지 : 냉방장치, 난방장치

③ 냉·난방기의 주요 구성부품
  ㉠ 냉방장치 : 압축기, 마그네틱 클러치, 응축기, 증발기, 건조기, 팽창 밸브. 송풍기, 배관
  ㉡ 난방장치 : 방열기, 송풍기, 밸브

④ 냉방장치(에어컨)의 종류 : 수동 에어컨, 반자동 에어컨, 전자동 에어컨

7 친환경자동차

(1) 하이브리드 전기자동차(hybrid vehicle)

① 개념 : 두 가지 기능이나 역할이 하나로 합쳐져 사용되고 있는 자동차로, 이는 2개의 동력원(내연기관과 축전지)을 이용하여 구동되는 자동차를 말한다.

② 구동형식에 따른 종류
  ㉠ 직렬방식 : 기관에서 출력되는 기계적 에너지는 발전기를 통하여 전기적 에너지로 바꾸고 이 전기적 에너지가 배터리나 모터로 공급되어 차량은 항상 모터로 구동되는 방식
  ㉡ 병렬방식 : 배터리 전원으로도 차를 움직이게 할 수 있고 기관(가솔린 또는 디젤)만으로도 차량을 구동시키는 두 가지 동력원을 같이 사용하는 방식

③ 구성요소 : 모터, 고전압 배터리, 보조배터리, 제어기(기관 컨트롤 유닛, 변속기 컨트롤 유닛, 모터 컨트롤 유닛, BMS ECU, 보조배터리 충전 컨트롤 유닛, 하이브리드 컨트롤 유닛)

④ 주행모드
  ㉠ 차량의 주행상태는 시동이 걸리는 단계, 액셀러레이터를 밟아서 차량이 출발하고 가속되는 단계, 일정한 속도로 차가 나아가는 정속단계, 브레이크를 밟아서 속도를 줄이는 감속단계, 정지단계로 구분된다.
  ㉡ 하이브리드 자동차도 이와 같은 주행모드를 기본적으로 가지나 하이브리드 자동차는 좀 더 세분화해서 총 7가지 주행모드로 나눌 수 있다. 이는 자동차의 주행모드 5가지에 아이들 & 클립모드와 발진·가속모드가 추가된다고 보면 될 것이다.

(2) 전기자동차(electric vehicle)

① 개요 : 전기자동차는 자동차의 구동 에너지를 기존 가솔린이나 경유 같은 화석연료의 연소로부터가 아닌 배터리에 축적된 전기를 동력원으로 모터를 회전시켜서 움직인다.

② 구성요소

   ㉠ 배터리 팩 : 모터에 에너지를 구동한다.

   ㉡ 모터 : 배터리에서 공급받은 에너지로 바퀴를 구동한다.

   ㉢ 모터 제어기 : 배터리와 모터 사이에서 동력을 컨트롤한다.

   ㉣ LDC(DC-DC 변환기), BMS(배터리 관리시스템), VCU(전기자동차 차량 통합 제어기), 완속 충전기(OBC : 차량 탑재용 충전기), VESS(가상 엔진 소음발생 시스템), EWP(전기 워터펌프), 진공펌프, 계기판, 세이프티 스위치, 전기자동차 메인 릴레이

(3) 수소연료전지 자동차(Fuel Cell Electric Vehicle)

① 개념 : 수소연료전지를 통해 전기를 얻어 구동하는 자동차이다.

② 특징

   ㉠ 연료전지시스템은 연료 전지 스택, 운전 장치, 모터, 감속기로 구성된다.

   ㉡ 연료전지는 공기와 수소 연료를 이용하여 전기를 생성한다.

   ㉢ 연료전지에서 생성된 전기는 인버터를 통해 모터로 공급된다.

   ㉣ 연료전지 자동차가 유일하게 배출하는 배기가스는 수분이다.

③ 장점과 단점

장점	단점
• 내연기관 차량에 비해 저렴한 연료비, 높은 출력 • 저공해 고효율 에너지원 • 물을 원료로 수소를 제조하기 때문에 연료의 생산이 無한정적 • 전기자동차에 비해 짧은 충전시간&긴 주행거리	• 수소 생산과정에서 온실가스를 대량으로 배출하기 때문에 완전한 친환경이라고 할 수 없음 • 차량 내부공간이 협소해지고 무게가 증가 • 연료전지 발전소 건설비용, 충전소의 설치 및 운영비용이 비쌈 • 수소 제조, 보관, 사용의 경제성이 떨어짐 • 고비용의 핵심부품(촉매제) • 수소의 공급 및 저장 인프라의 위험성과 유지비

친환경 자동차

1 하이브리드 전기자동차(hybrid vehicle)

(1) 개념

① 하이브리드 전기자동차는 두 가지 기능이나 역할이 하나로 합쳐져 사용되고 있는 자동차로 2개의 동력원(내연기관과 축전지)을 이용하여 구동되는 자동차를 말하는데 내연 기관이 비효율적으로 움직일 때, 전기 모터가 보충하는 원리이다.

② 하이브리드 기관은 주로 가솔린 기관에 쓰이는데 가솔린 기관의 최대효율 구간은 상대적으로 협소하기 때문에 전기 모터 기관이 들어감으로서 효율이 높아지기 쉽기 때문이다.

③ 정속 주행 시 배터리의 잔량에 따라 엔진으로 주행하여 배터리를 충전하거나, 모터만으로 구동하기도 하여 에너지 효율을 극대화시키고 배출 가스를 줄이는 기술이 적용되기도 한다.

(2) 하이브리드 전기자동차의 장단점

① 장점

    ㉠ 연비가 높고 최대 주행거리가 길다.

    ㉡ 주행 소음이 적다.

    ㉢ 가속력이 좋다.

    ㉣ 유해가스 배출량이 적다.

② 단점

    ㉠ 트렁크의 용량이 적다.

    ㉡ 차량 가격이 비싸다.

    ㉢ 수리비용이 내연기관 차량보다 높다.

      ※ 전기자동차는 감전의 위험이 있어 정비에 주의하여야 한다.

(3) 구동형식에 따른 종류

① **직렬방식(series type)**

    ㉠ **개념** : 기관에서 출력되는 기계적 에너지는 발전기를 통하여 전기적 에너지로 바꾸고 이 전기적 에너지가 배터리나 모터로 공급되어 차량은 항상 모터로 구동되는 방식의 하이브리드 자동차를 말한다. 최근에는 생산되지 않고 있다.

> **PLUS** 하이브리드 자동차 직렬형 동력전달 방식
> 기관(엔진) → 발전기 → 축전지 → 인버터(DC → AC) → 전동기(모터) → 변속기 → 구동바퀴

    ㉡ **구조** : 직렬형 하이브리드 자동차는 2개의 모터가 들어간다.
- 모터 1은 엔진을 통한 발전으로 배터리를 충전한다.
- 모터 2는 축전지에서 전력을 받아 구동바퀴의 모터2를 구동시킨다.

② **병렬방식(parallel type)**

    ㉠ **개념**
- 배터리 전원으로도 차를 움직이게 할 수 있고 기관(가솔린 또는 디젤)만으로도 차량을 구동시키는 두 가지 동력원을 같이 사용하는 방식의 하이브리드 자동차를 말한다.
- 주행조건에 따라 병렬방식은 기관과 모터가 상황에 따른 동력원을 변화할 수 있는 방식이므로 다양한 동력전달방식이 가능하다.

    ㉡ **구동방식**
- 소프트방식
  - 기관과 변속기 사이에 모터가 삽입된 간단한 구조를 가지고 있고 모터가 기관의 동력보조 역할을 하도록 되어 있다.
  - 전기적 부분의 비중이 적어 가격이 저렴한 장점이 있는 반면 순수하게 전기차 모드로 구현이 불가능하기 때문에 하드방식에 비하여 연비가 나쁘다는 단점을 가지고 있다.
- 하드방식
  - 기관, 모터, 발전기의 동력을 분할, 통합하는 기구를 갖추어야 하므로 구조가 복잡하지만 모터가 동력보조 뿐만 아니라 순수 전기차로도 작동이 가능하다.
  - 연비는 우수하나 대용량의 배터리가 필요하고 대용량 모터와 2개 이상의 모터제어기가 필요하므로 소프트타입에 비하여 전용부품 비용이 1.5 ~ 2배 이상 소요된다.

(4) 하이브리드 자동차의 구성 및 주행모드

① 모터

　㉠ AC(교류)전압으로 동작하는 고출력 영구자석형 동기 모터(PMSM)로 모터 하우징과 스테이터, 스파이더, 로터 등으로 구성되어 있다.

　㉡ 기관 시동(이그니션 키 & 아이들 스탑 해제시 재시동) 제어와 발진 및 가속 시 기관의 동력을 보조하는 기능을 한다.

② 고전압 배터리

　㉠ Ni-MH(니켈-수소) 배터리를 사용하였으나 요즘은 Li-ion(리튬-이온) 배터리를 사용하며, 모터작동을 위한 전기 에너지를 공급하는 기능을 한다.

　㉡ 배터리 팩과 고전압 배터리를 제어하는 BMS가 위치하고 있으며, 그 주변으로 릴레이나 안전 플러그 등의 전장부품이 결합되어 있다.

③ 보조배터리

　㉠ 보조배터리는 일반 자동차에서 사용하는 배터리를 말한다.

　㉡ 하이브리드 자동차의 경우 고전압 배터리를 이용하여 동력에 사용하고 있으므로 일반 전기장치인 라이트, 라디오, 와이퍼 모터 등의 경우는 보조배터리를 통해서 전원을 공급받는다.

④ 제어기의 구성

　㉠ 기관 컨트롤 유닛(ECU : engine control unit) : 기관을 제어하는 ECU는 일반 차량에도 있는 것으로, 기관을 동작하거나 연료 분사량과 점화시기를 조절하게 된다.

　㉡ 변속기 컨트롤 유닛(TCU : transmission control unit) : TCU는 변속기를 제어하는 것으로서, ECU와 마찬가지로 일반 차량에서도 볼 수 있는 것이다.

　㉢ 모터 컨트롤 유닛(MCU : motor control unit) : 모터 컨트롤 유닛은 하이브리드 모터 제어를 위한 컨트롤 유닛이다. 모터 컨트롤 유닛은 HCU(hybrid control unit)의 토크 구동명령에 따라 모터로 공급되는 전류량을 제어하여 각 주행특성에 맞게 모터의 출력을 조절한다.

　㉣ BMS(battery management system) ECU : BMS는 고전압 배터리를 제어하는 것으로서 배터리 에너지 입·출력제어와 배터리 성능유지를 위한 전류, 전압, 온도, 사용시간 등 각종 정보를 모니터링하고, 종합적으로 연산된 배터리 에너지 상태정보를 HCU 또는 MCU로 송신하는 역할을 한다.

　㉤ 보조배터리 충전 컨트롤 유닛(LDC : low voltage DC-DC converter) : LDC는 12V 충전용 직류 변환장치로써, 일반 가솔린자동차의 발전기 대용으로 하이브리드 차량의 메인 배터리의 고전압을 저전압으로 낮추어 보조배터리 충전 및 기타 12V 전장품에 전력을 공급하는 장치이다.

ⓗ 하이브리드 컨트롤 유닛(HCU : hybrid control unit) : 하이브리드 컨트롤 유닛은 전체 하이브리드 전기자동차시스템을 제어하므로 각 하부시스템 및 제어기의 상태를 파악하며 그 상태에 따라 가능한 최적의 제어를 수행하고 각 하부 제어기의 정보사용 가능 여부와 요구(명령) 수용 가능여부를 적절히 판단한다.

(5) 하이브리드 자동차의 주행

① 주행

　　㉠ 압축된 공기의 팽창력을 이용해 엔진을 구동시키고 필요에 따라 전지용 모터로 구동하기도 한다.

　　㉡ 공압식 엔진은 출발할 때나 경사로와 같이 급가속이 필요할 경우 작동된다.

　　㉢ 출발 후 20~25km/h에 이르면 전기 모터로 전환되어 구동된다.

② 주행모드

　　㉠ 시동이 걸리는 단계

　　㉡ 액셀러레이터를 밟아서 차량이 출발하고 가속되는 단계

　　㉢ 일정한 속도로 차가 나아가는 정속단계

　　㉣ 브레이크를 밟아 속도를 줄이는 감속단계

　　㉤ 정지단계

　　㉥ 아이들 스탑 & 클립모드와 발진

　　㉦ 가속모드

📢 플러그인 하이브리드 자동차

㉠ 개요 : 내연기관 엔진과 전기모터를 같이 사용하는 것은 하이브리드 자동차와 동일하지만 플러그인 하이브리드 자동차는 전기모터가 기반이며, 내연기관 엔진이 보조하는 방식이다.

㉡ 충전 : 배터리의 용량이 일반적인 하이브리드의 배터리보다 크고, 플러그(외부전원)으로 충전이 가능합니다.

㉢ 주행 : 플러그를 전기 콘센트에 꽂아 전기로 주행을 하다가 충전된 전기가 모두 소모가 되고나면 내연기관의 엔진으로 주행 하게 됩니다.

2 전기자동차(electric vehicle)

(1) 개념

① 전기자동차는 배터리에 축적된 전기로 모터를 회전시켜서 구동에너지를 얻는 자동차를 말한다.

② 전기자동차는 주행 시 화석연료를 사용하지 않아 유해가스를 배출하지 않는 대표적인 친환경차로 세계적으로 높은 관심을 받고 있다.

(2) 전기자동차의 장단점

① 장점

    ㉠ 유지비가 저렴하고 차량 수명이 길다.

    ㉡ 주행 중 소음이 적고 가속력이 좋다.

    ㉢ 유해가스를 배출하지 않아 친환경적이다.

    ㉣ 사고시 폭발의 위험성이 적어 안전하다.

② 단점

    ㉠ 주행거리가 화석연료보다 짧다.

    ㉡ 차량 가격이 비싸다.

    ㉢ 충전시간이 길고 수리비용이 비싸다.

(3) 전기자동차의 구성

① 배터리 팩(battery pack)

    ㉠ 전기자동차는 리튬이온 배터리를 사용하고 있다.

    ㉡ 셀(Cell), 모듈(Module), 팩(Pack)으로 구성되어 있다.

    ㉢ 안정성, 수명, 충전 용이성, 충전효율, 충전시간, 저온성능 등을 충족하여야 한다.

② 모터(motor)

　㉠ 전진주행, 후진주행, 제동, 제동시 발전을 통한 에너지 회수(회생 브레이크시스템) 역할을 한다.

　㉡ 회생 브레이크시스템이란 감속시나 제동시에 모터를 발전기로 작동시켜 운동 에너지를 전기 에너지로 변환시켜줌으로써 이 에너지를 배터리에 충전할 수 있는 시스템이다.

　　• 리졸버 센서(resolver sensor) : 회전하는 모터 샤프트의 각도와 속도를 측정

　　• 로터(rotor) : 전류가 흐르면 자속에 의해 회전하는 부분

　　• 스테이터(stator) : 자속을 만들어 주는 부분

　㉢ 고출력화를 추진하면서 고회전화 함에 따라 모터가 경량·소형화 되어 탑재중량이나 용적도 크게 감소하였고 모터의 종류는 다음과 같다.

　　• 직류모터(direct current motor) : 직류전기를 사용하는 모터로서 직류전류가 로터와 스테이터에 공급되어 자계를 형성하게 되면 로터를 회전시키는 원리이다. 브러시에 정류자가 면 접촉을 하면서 회전하기 때문에 브러시와 정류자의 마모 및 분진과 소음이 발생하게 되어 유지 보수비용이 발생되며, 교류모터에 비해 구조가 복잡하고 비싼 단점이 있다.

　　• 직류 브러시 리스 모터(brush less current motor)

　　－ 브러시 리스 모터는 직류형과 교류형이 있으며, 직류형 방식의 모터 중에 브러시가 없는 타입을 BLDC(brush less direct current)라고 한다. 브러시가 없으므로 반영구적으로 사용 가능하며, 유지보수 및 발열과 소음 그리고 에너지 효율이 향상된 모터이다. 원리는 스테이터를 고정해서 전류를 흘려주고 로터를 회전시킨다.

　　－ 로터는 영구자석이므로 전류가 필요 없고 리졸버 센서를 모터에 내장하여 로터가 만드는 회전자계를 검출하고, 이 전기신호를 스테이터 코일에 전하여 모터의 회전을 제어할 수 있게 한 것으로 브러시가 닳을 걱정 없이 반영구적으로 사용하므로 전기 자동차에 사용하기도 한다.

　　• 교류모터(three-phase alternating current : AC 유도모터의 삼상방식)

　　－ 전지에서 얻어진 직류전원을 인버터를 통해 교류로 변환시켜 모터를 구동하는 방식으로 교류전기로 인한 극성변화와 자기유도로 로터가 회전하는 원리이다. 냉각이 쉽고 코일을 제어함으로써 정밀한 제어가 가능한 모터이다.

　　－ 직류모터에 비하여 소형, 경량이며 효율이 높고 브러시가 없어 회전수를 높일 수 있으며 회생 제동장치로 사용할 수 있어 전기자동차에 주로 사용된다.

　　• 스위치드 릴럭턴스 모터(switched reluctance motors) : BLDC모터에서 로터에 영구자석을 사용하지 않고 철제로터를 사용하는 방식으로 역기전력이 발생되지 않으며, 스테이터 코일에 전력을 스위칭하여 회전력을 얻는 방식이다. 스위칭이 정밀해야 하며 회전자의 위치센서가 필요하다. 대량생산이 가능하며 가격이 저렴한 장점이 있다.

③ 모터 제어기(MCU : motor control unit, 인버터(inverter))

　㉠ 제어기의 경우 주로 모터 제어를 위한 컴퓨터이며, 직류를 교류로 바꾸어 주는 인버터로 주파수를 바꾸어 모터에 공급되는 전류량을 제어함으로서 출력과 회전속도를 바꾸는 것으로 VCU의 명령에 의해 모터 출력을 제어한다.

　㉡ 자동차의 주행 중 제동 또는 감속 시에 발생하는 여유 에너지를 모터에서 발전기로 전환하여 배터리로 충전을 하는 기능도 동시에 수행한다.

④ LDC(low voltage DC-DC converter, DC-DC 변환기)

　㉠ 전기 차량의 메인 배터리의 고전압을 저전압으로 낮추어 DC전압의 크기를 변화해 주는 것으로 전기자동차에서 DC-DC컨버터는 기존의 내연기관에 있던 12V 납축전지가 차량의 전자부품에 전원을 공급하던 기능을 대신하는 것으로 고전압의 배터리 전압을 차량용 전자부품에 맞는 12V용 전원으로 변환하여 공급하는 장치로 필요시 차량의 12V 납산 보조배터리를 충전한다.

　㉡ 보조배터리가 필요한 이유는 고전압 배터리 전원을 MCU나 제어기로 보내주기 위해서는 전기 스위치인 전기식 릴레이를 작동해야 한다. 각종 전원장치가 12V인데 전기를 많이 사용 시 전압 레벨 차이가 생기므로 전압의 균형을 유지하기 위한 완충장치 역할을 한다.

⑤ BMS(battery management system, 배터리 관리시스템) : 전기자동차의 2차 전지의 전류, 전압, 온도, 습도 등의 여러 가지 요소를 측정하여 배터리의 충전, 방전상태와 잔여량을 제어하는 것으로 전기자동차 내의 다른 제어 시스템과 통신하며 전지가 최적의 동작 환경을 조성하도록 환경을 제어하는 2차 전지를 제어하는 시스템이다.

⑥ VCU(vehicle control unit, 전기자동차 차량 통합 제어기)

　㉠ 가속·제동·변속 등 운전자 의지를 반영해 각종 제어장치와 협조해 차량 상태를 파악하면서 모터구동과 회생제동 등을 제어하여 가장 전기를 효과적으로 사용할 수 있도록 인버터 등에 명령을 내려 주행을 위한 최적의 상태로 한다.

　㉡ 배터리 충전량에 따라서 모터 토크, 에어컨 작동중지, 히터 작동 정지 등의 전력 배분을 모터 중심적으로 실시하며 배터리 충전량이 30% 이하이면 액셀러레이터를 밟아도 자동차는 서행을 한다.

⑦ 완속 충전기(OBC : on board charger, 차량 탑재용 충전기)

　㉠ OBC는 상용전원인 교류(AC)를 직류(DC)로 변환해 차량 내부 메인 배터리를 충전하는 기능을 한다.

ⓛ 입력전원인 AC전원의 노이즈를 제거하는 입력필터, 에너지 효율을 높여주는 PFC(power factor corrector)회로, 배터리에 전력을 안정적으로 정전압 및 정전류 충전을 하기 위한 DC/DC컨버터, 충전소 및 차량 내 다른 장치와 통신하며 OBC를 제어하는 제어회로 등으로 구성되어 있다.

ⓒ 충전이 완료되면 내부 완속 충전기에서 차단시킨다.

⑧ VESS(virtual engine sound system, 가상 엔진 소음발생 시스템)

ⓐ 전기자동차는 소음이 거의 발생하지 않으므로 주행 중 보행자에게 전진, 후진 시 20km/h 이하에서 소리를 낸다.

ⓑ 전진음은 0 ~ 20km/h에서 주행 중 소리를 발생하며 속도가 빨라질수록 소리 크기가 증가한다. 단, D단 정지 시에는 발생하지 않고 후진음은 후진 시 소리가 발생하며 속도가 빨라질수록 소리 크기가 증가하며 정지 시에도 발생한다.

⑨ EWP(electric water pump, 전기 워터펌프) : 전기자동차의 전자장비들의 일반직인 진력효율이 약 90% 정도이면 약 10% 만큼은 연료전환이 된다. 이때 발생하는 열로 인해서 어떤 문제가 발생하지 않도록 하기 위해 사용하는 것이 냉각시스템인데 전통적인 공랭식은 낮은 열 관리에는 용이하지만 높은 에너지 밀도를 가진 전자 장비와 장거리 주행에는 수랭식이 적합한데 EWP는 열이 가장 많이 발생하는 모터 및 OBC, LDC의 온도에 따라 효율적인 냉각을 위해 동작과 비동작을 반복하며 냉각수를 순환시켜 냉각을 이루어주는 펌프이다.

⑩ 진공펌프(vacuum pump) : 브레이크에서 진공부스터 효과는 차량의 안전과 관련이 있다. 가솔린 내연기관 자동차처럼 유압으로 브레이크를 작동시키기 위해서는 진공을 얻을 수 있어야 하지만 전기자동차에서는 진공을 얻을 수 없으므로 브레이크의 부스터 효과를 보기위해서는 전기진공펌프에 의해 진공을 얻어야 한다.

⑪ 계기판(cluster) : 계기판은 일반 소비자에게 현재 차량의 상태를 알려줌으로써 보다 안전한 운행을 하도록 유도하기 위함에 그 목적이 있다. 전기자동차는 배터리 변동에 따라 주행가능 거리가 달라지기 때문에 전기자동차를 운전하게 되면 운전자는 배터리 게이지, 주행가능 거리에 가장 많이 신경을 쓰게 된다. 전기자동차 관련 운행정보는 다음과 같다.

ⓐ 모터작동 표시계 : 모터의 소비전력 및 회생제동 브레이크의 전기 에너지 충전·방전상태를 알려준다.

ⓑ 주행가능거리 : 현재 남아있는 구동용 배터리 잔량으로 주행 가능한 거리를 표시한다.

ⓒ 구동용 배터리 충전량(SOC) 표시계 : 구동용 배터리 충전상태를 표시한다.

ⓓ 충전 완료(잔여) 시간 : 완속 및 급속충전기를 접속하여 차량의 충전 완료시간 및 잔여시간을 표시한다.

ⓔ 주행정보표시 : 시동스위치 "OFF"시 주행에 필요한 배터리 잔량 및 주행가능 거리를 표시하고 배터리 잔량이 부족할 경우 충전해야 한다.

ⓗ 에너지 흐름도 : 차량 주행상태에 따른 전기자동차의 동력전달 상태를 출발과 가속 시, 정속주행 시, 감속 시, 정지시의 각 영역별 모터 및 배터리시스템 상태를 표시한다.

⑫ 세이프티 스위치(safety switch)

ⓐ 고전압 배터리는 고전압 장치이기 때문에 취급 시 안전에 유의해야 한다. 세이프티 스위치는 고전압 배터리 전원을 임의로 차단시킬 수 있는 전원 분리장치로 과전류 방지용 퓨즈를 포함하고 있다.

ⓑ 고전압 전기 동력시스템과 관련된 부품 탈·부착이나 정비점검 시 세이프티 스위치 플러그를 탈거하면 고전압을 차단시킬 수 있으므로 이점 유의하여 작업을 해야 하고, 점화스위치 ON상태에서는 세이프티 스위치 플러그를 탈거하지 말아야 한다.

⑬ 전기자동차 메인 릴레이(EV-main relay)

ⓐ 메인릴레이는 고전압 배터리의 DC전원을 MCU측으로 공급하는 역할을 하는 릴레이이다.

ⓑ 이그니션 키가 ON되고 고전압 전기 동력시스템이 정상일 경우 MCU는 메인 릴레이를 작동시켜 고전압 배터리 전원을 MCU 내부에 설치된 인버터로 공급하여 모터구동을 준비한다.

📢 전기자동차의 비교

구분	하이브리드자동차(HEV)	전기자동차(EV)	플러그인 하이브리드 자동차(PHEV)
구동원	기관(엔진) + 모터(보조)	모터	모터, 기관(엔진)→방전시
에너지원	화석연료, 전기	전기	전기, 화석연료(방전시)
특징	저속주행 모터, 고속주행 엔진 사용	전기만으로 주행	단거리 주행 전기, 장거리 주행 엔진 사용

3 연료전지 자동차

(1) 개념

① 연료전지자동차는 수소를 사용하여 발생시킨 전기에너지를 동력원으로 사용하는 자동차로 보통 '수소전기차'라고 불리는데 수소를 연료로 하여 수소와 산소의 전기화학반응으로 만들어진 전기를 이용하여 모터를 구동하는 자동차를 말한다.

② 연료전지자동차의 구조는 전기자동차와 비슷하지만 배터리 대신 수소연료전지를 주전원으로 이용한다. 전기를 생산하여 움직이기 때문에 회생제동을 활용하기 위해 작은 용량의 배터리를 탑재하고 있다.

※ 연료전지 … 수소를 사용하여 전기에너지를 발생시키는 장치를 말한다.

PLUS 수소연료전지 자동차의 특징

㉠ 수소의 연료로서의 성능은 우수하나 보관성이 나쁘다.
㉡ 자동차의 배출가스는 없으나 완전한 친환경이라고 단정하기는 어렵다.
㉢ 전기자동차에 비해 자동차의 충전속도는 빠르지만 수소충전소의 인프라 구성이 쉽지 않다.
㉣ 공기의 정화기능은 좋으나 촉매제의 가격이 비싸다.
㉤ 고비용의 수소를 제조하여야 한다.
㉥ 취급시의 안전에 주의해야 하고 점검도 자주 해야 한다.

(2) 수소연료전지 자동차의 장단점

① 장점

㉠ 저공해 고효율 에너지원이며 도심지에서 대기 공해를 줄일 수 있다. 연료전지 자동차가 유일하게 배출하는 배기가스는 수분이다.

㉡ 친환경자동차이며 미래자동차의 차세대 에너지원이다.

㉢ 수소는 물을 원료로 사용하여 제조하기 때문에 연료의 생산이 무한정이다.

㉣ 주행거리가 전기자동차보다 길다.

㉤ 전기자동차에 비해 자동차의 충전속도가 빠르다.

② 단점

㉠ 수소흡창합금 탱크나 고압 수소 탱크를 탑재되므로 차량 내부공간이 협소하고 무게도 증가한다.

㉡ 위험성을 수반한 수소의 공급 및 저장 인프라의 문제가 있다.

㉢ 연료전지 발전소건설비용이 높다.

㉣ 연료전지의 수명과 신뢰성을 향상시키는 기술적인 연구가 이루어져야 한다. (이온 교환수지의 마모 때문에 연료전지를 교환해주어야 한다.)

㉤ 핵심부품(촉매)에 백금 사용 및 고가의 연료전지가 사용된다.

(3) 구조

① 연료전지시스템은 연료 전지 스택, 운전 장치, 모터, 감속기로 구성된다.

② 연료전지는 공기와 수소 연료를 이용하여 전기를 생성한다.

③ 연료전지에서 생성된 전기는 인버터를 통해 모터로 공급된다.

(4) 구성

① **수소 저장 탱크** : 탱크 내 수소저장, 스택(STACK)으로 공급

② **공기 공급 장치(APS)** : 스택 내에서 수소와 결합해 물(H_2O) 생성, 순수 산소형태가 아니며 대기 공기를 스택으로 공급한다.

③ **스택(STACK)** : 주행에 필요한 전기를 발생시키고 공급된 수소와 공기 중 산소가 결합되어 수증기를 생성한다.

④ **고전압 배터리** : 스택에서 발생된 전기 저장, 회생제동 에너지(전기) 저장, 시스템 내 고전압 장치에 전원을 공급한다.

⑤ **컨버터/인버터** : 스택에서 발생된 직류 전기를 모터가 필요한 3상 교류전기로 변환시킨다.

⑥ **모터 & 감속기** : 차량을 구동하기 위한 모터와 감속기이다.

⑦ **연료 전지 시스템 어셈블리** : 연료전지 룸 내부에는 스택을 중심으로 수소 공급 시스템과 고전압 회로를 분배한다. 공기를 흡입하여 스택 내부로 불어 넣을 수 있는 공기를 공급한다.

▊4 천연가스 자동차

(1) 개념

① 천연가스자동차는 천연가스를 사용하는 저공해 자동차의 일종이다.

② 천연가스자동차의 연료로는 압축천연가스(CNG)를 주로 사용하며, 최근에는 액화천연가스(LNG)를 사용하기도 한다.

③ 천연가스는 가솔린이나 LPG에 비해 황과 수분이 적게 포함돼 있고 열량이 높은 청정에너지이다.

(2) 천연가스 자동차의 장단점

① 장점
  ㉠ 유지비가 저렴하다.
  ㉡ 환경오염을 배출하지 않는 무공해 자동차이다.
  ㉢ 화재의 위험이 적으며, 엔진의 수명이 길다.
  ㉣ 공기보다 가볍고 공기 중에 부상하기 때문에 누설 시 폭발위험이 적다.

② 단점
  ㉠ 주행거리가 화석연료보다 짧다.
  ㉡ 충전소가 없는 곳이 많아 충전이 어렵다.
  ㉢ 연료 탱크의 용량이 커야 한다.
  ㉣ 에너지 밀도가 낮아 체적효율이 감소한다.

> **PLUS** 천연가스 관련 영어정리
> ㉠ **천연가스** : 탄화수소가스와 증기의 혼합물로서 주로 메탄이 가스형태로 구성되어 있는 자동차용 연료를 말한다.
> ㉡ **천연가스연료장치** : 천연가스를 저장하는 용기와 엔진에 연료를 공급하기 위한 모든 장치를 말한다.
> ㉢ **천연가스연료장치의 고압부분** : 압축천연가스용기부터 첫번째 압력조정기까지의 부분중 첫번째 압력조정기를 제외한 부분을 말한다.
> ㉣ **천연가스용기** : 자동차에 부착되어 자동차의 연료로 사용되는 천연가스를 저장하는 용기를 말한다.

(3) 자동차 연료의 구분

① CNG(Compressed Natural Gas ; 압축천연가스)
  ㉠ 기체 상태의 천연가스를 압축해 부피를 200분의 1 수준으로 줄인 것으로 주성분은 메탄(methane)이다.
  ㉡ 주로 자동차의 연료로 사용되며, 우리나라 천연가스 버스들이 주로 사용한다.

② LNG(Liquefied Natural Gas ; 액화천연가스)
  ㉠ 천연가스를 영하 161도에서 냉각해 액화시킨 것으로 천연가스를 액화하면 부피를 600분의 1 수준으로 줄일 수 있어 저장이나 운반이 쉽다.
  ㉡ 대형자동차로 장거리 운행을 하는 시외버스나 대형화물차의 연료로 사용된다.

③ PNG(Piped Natural Gas, 배관천연가스)

  ㉠ 가스전에서 기체 상태의 가스를 약간의 정화처리를 거친 후 파이프라인을 통해 직접 공급하면 PNG가 된다.

  ㉡ 러시아가 유럽 국가들에게 가스를 수출하는 방식이다.

(4) 자동차의 분류

① CNG 자동차 : 압축천연가스를 주원료로 사용하고 우리나라에서는 시내버스나 청소차 등에 주로 사용된다.

② LNG 자동차 : 액화천연가스를 주원료로 사용하는 자동차로 시외버스나 대형화물차의 연료로 연구되고 있다.

PART

02

기계기능이해력

기계의 기초

1 기계설계

(1) 기계설계의 개념

기계공학 전반에 걸쳐 기계를 제작하기 위한 필요지식과 경험을 기초로 기계, 기구, 장치 등을 고안해 내는 학문으로서 공작도를 그릴 때까지의 과정을 말한다.

(2) 기구와 기계의 차이

① 기구

　　㉠ 몇 개의 강체로 구성되어 있으며, 운동을 원하는 형태로 변환이 가능하다.

　　㉡ 기계와 가장 큰 차이점은 기구는 동력전달이 없다는 점이다.

② 기계

　　㉠ 외력에 의해 파괴되거나 변형되지 않는 저항력이 있는 강체로 구성되어 있다.

　　㉡ 한정된 상호운동을 하고 외부로부터 에너지를 받아들여 일을 하는 장치이다.

　　㉢ 기계는 동력을 전달하도록 설계되어 있으며 모든 기구를 포함한다.

> **PLUS** 기소와 짝
> 　㉠ 기소(Element) : 기계를 구성하는 두 부품이 서로 접촉하면서 일정한 상호운동을 할 때 각각의 두 부품을 일컫는다.
> 　㉡ 짝(Pair) : 두 부품(각각의 기소)의 조합을 짝이라고 한다.
> 　　**예** 저널과 미끄럼 베어링, 실린더와 피스톤, 볼트와 너트, 벨트와 벨트 풀리, 캠과 종동절, 기어와 기어 등

(3) 기계설계시 유의사항

① 기계의 기구는 사용목적에 맞게 간단하고, 동작이 명확해야 한다.

② 기계의 구조와 외형은 조정과 수리가 쉽고, 운반이 편리해야 한다.

③ 기계의 각 부는 될수록 경량, 소형이어야 하고 수명이 길어야 한다.

④ 유지비와 제작비가 저렴해야 하고, 기계의 효율이 좋아야 한다.

⑤ 외관 및 디자인이 양호하고 상품가치가 있어야 한다.

⑥ 제품이 표준화되어야 한다.

2 기계요소

(1) 기계요소의 개념

기계는 여러 개의 부품으로 구성되어 있으며 그 기계가 목적하는 바를 이루기 위해 부품 상호간의 기능을 발휘해야 한다. 이 때 기계를 구성하고 있는 각 주요 부품들을 분해해 보면 볼트, 너트, 키, 축, 축 이음, 베어링, 기어, 스프링 등과 같은 수많은 부품들로 이루어져 있으며, 이 부품들의 각각을 기계요소(Machine Element)라고 한다.

(2) 기계요소의 종류

① 결합 요소 : 볼트, 너트, 나사, 리벳, 용접, 키 등

② 동력전달 요소 : 축, 축 이음, 미끄럼·구름 베어링, 벨트, 체인, 로프, 기어 등

③ 동력제어 요소 : 클러치, 브레이크, 스프링 등

④ 유체용 요소 : 관, 관 이음, 밸브 등

3 단위계

(1) 규격화(표준화)

① 규격화의 개념 : 공업제품의 품질, 모양, 치수, 검사 등의 일정한 표준을 일컫는 말이다.

② 규격화의 필요성 : 기계요소는 생산성을 높이기 위하여 각 기계마다 형상, 치수, 재료 등을 규격화시킴으로써 제품을 정확하고 신속하며 저렴한 가격으로 제작할 수 있게 된다.

③ 규격화의 장점

    ㉠ 호환성의 증가

    ㉡ 생산성의 향상

    ㉢ 생산의 합리화

(2) 국제표준화

① **국제표준화의 의의** : 1949년 ISO(International Organization For Standardization)가 설립되어 각국의 공업규격을 통일해가고 있다.

② **국가별 공업규격**

    ㉠ **영국** : BS(British Standard)

    ㉡ **미국** : ANSI, SEA, AISI, ASTM

    ㉢ **독일** : DIN(Deutsche Ingeniur Norm)

    ㉣ **일본** : JIS(Japanese Uidustrial Standard)

    ㉤ **한국** : KS(Korean Industrial Standard)

(3) SI 단위

① **기본단위** : 길이(m), 질량(kg), 시간(s), 전류(A), 절대온도(K), 물질량(mol), 광도(cd) 등의 독립된 차원을 가지는 단위를 말한다.

양	명칭	기호
길이	미터	m
질량	킬로그램	kg
시간	초	s
전류	암페어	A
절대온도	켈빈	K
물질량	몰	mol
광도	칸델라	cd

② **유도단위** : 힘(N), 압력(Pa), 응력(Pa), 에너지(J), 일(J), 주파수(Hz) 등의 관련된 양들을 연결시키는 대수관계에 따라 기본단위를 조합하여 이루어진 단위를 말한다.

③ **보조단위** : 표와 같이 2개의 기하학적인 양으로 무차원의 양이다.

[SI 보조단위]

양	명칭	기호
평면각	라디안	rad
입체각	스테라디안	sr

④ **조립단위** : 기본단위와 보조단위를 사용하여 대수적인 관계로 구성된 단위로 주로 기계설계에 많이 사용된다.

[SI 조립단위]

양	명칭	기호	양	명칭	기호
면적	평방미터	m^2	운동량	킬로그램매초	$kg \cdot m/s$
체적	입방미터	m^3	관성모멘트	킬로그램평방미터	kg/m^2
속도	미터매초	m/s	힘	뉴턴	N
가속도	미터매초제곱	m/s^2	모멘트	뉴턴미터	$N \cdot m$
각속도	라디안매초	rad/s	압력	파스칼	Pa
각가속도	라디안매초제곱	rad/s^2	응력	파스칼	Pa
주파수	헤르쯔	Hz	표면장력	뉴턴매미터	N/m
회전속도	회매초	s^{-1}	에너지	줄	J
밀도	킬로그램매입방미터	kg/m^2	동력	와트	W

PLUS 주요 SI 단위의 변환 값
  ㉠ $1N = 1kg \times 1m/s^2 = 0.1019kgf$
  ㉡ $1dyne = 1g \times 1cm/s^2 = 10^{-5}N = 1.019 \times 10^{-6}kgf$
  ㉢ $1kgf = 9.8N$
  ㉣ $1HP = 0.746kW$

4 일, 에너지, 동력

(1) 일과 에너지

① **일과 에너지의 개념** : 어떤 물체에 힘 F가 작용하여 그 힘의 방향으로 거리 d만큼 이동하였을 때 힘과 거리의 곱을 일 또는 에너지라 한다.

② 계산식

$$W = F \times d\,[\text{J}]$$

- $W[\text{J}]$: 일 또는 에너지
- $F[\text{N}]$: 재료(물체)에 작용한 힘
- d[m] : 재료에 힘이 작용하여 재료가 움직인 거리

[일의 정의]

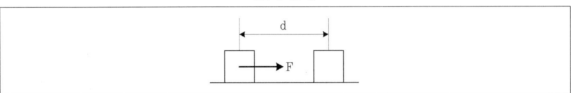

(2) 동력

① **동력의 개념** : 단위 시간당 한 일을 동력 P라 한다.

② 계산식

$$P = \frac{W}{t} = \frac{F \cdot d}{t} = F \cdot v[\text{W}]$$

- $P[\text{W}]$: 동력
- $W[\text{J}]$: 재료에 작용한 일 또는 에너지
- $t[\text{s}]$: 재료에 힘이 작용한 시간
- $v[\text{m/s}]$: 재료가 움직이는 속도

5 하중

(1) 하중의 개요

① **하중의 개념** : 기계가 동작하여 에너지의 흡수, 전달, 변환 등을 행하기 위해서는 기계의 각 요소에 여러 종류의 힘이 작용하게 되는데, 이와 같은 힘을 하중이라 한다.

② **하중의 분류**
  ㉠ **하중의 작용방향에 따른 분류**
  - 인장 하중(Tension Load) : 재료의 축선 방향으로 재료를 늘어나게 하는 하중

- 압축 하중(Compression Load) : 재료를 누르는 하중
- 전단 하중(Shear Load) : 가위로 자르려는 것과 같은 하중
- 비틀림 하중(Tension Load) : 재료를 비틀려고 하는 하중
- 휨 하중(Bending Load) : 재료를 구부려 꺾으려는 하중

[하중이 작용하는 방향에 따른 분류]

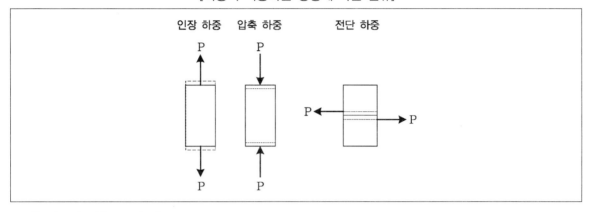

ⓛ 하중의 작용속도에 따른 분류
- 정 하중 : 시간에 따라 재료에 작용하는 하중의 크기가 변하지 않는 하중
- 동 하중 : 시간에 따라 재료에 작용하는 하중의 크기가 변하는 하중
  - 변동 하중 : 진폭 주기가 변하는 하중
  - 반복 하중 : 진폭과 주기가 일정한 하중
  - 교번 하중 : 하중의 크기와 방향이 충격없이 주기적으로 변하는 하중
  - 충격 하중 : 비교적 단시간에 충격적으로 작용하는 하중
  - 이동 하중 : 물체 위를 이동하며 작용하는 하중
ⓒ 하중의 분포에 따른 분류
- 집중 하중 : 전체 하중이 한 점 또는 매우 작은 면적에 작용하는 하중
- 분포 하중 : 전체 하중이 부재의 특정 면적 위에 분포하여 작용하는 하중

(2) 하중의 기계적 성질

① 축 하중

　㉠ 축 하중이란 재료에 작용하는 하중이 재료의 축 방향과 평행한 하중을 말한다.

　㉡ 하중이 작용(인장 하중)하면 인장 응력(σ)이 발생하고, 하중이 반대방향으로 작용(압축 하중)하면 압축 응력(σ)이 발생한다.

$$\sigma = \frac{P}{A}\,[\text{Pa}]$$

　　◦$P\,[\text{N}]$: 재료에 작용하는 하중
　　◦$A\,[\text{m}^2]$: 재료의 단면적

　㉢ 재료의 오른쪽에 축 하중이 작용하면 재료의 절단 부위에서는 축 하중에 평형한 응력이 발생하게 된다.

[축 하중]

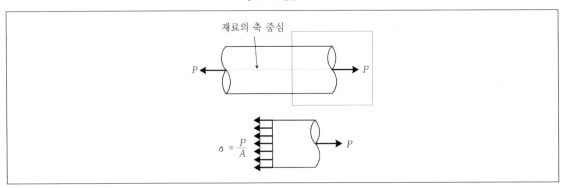

② 전단 하중

　㉠ 거의 동일한 선상에 크기가 같고 방향이 반대되는 힘이 작용하는 하중을 말한다.

　㉡ 하중이 작용하게 되면 전단 응력(τ)이 발생하게 된다.

$$\tau = \frac{P}{A}\,[\text{Pa}]$$

　　◦$P\,[\text{N}]$: 재료에 작용하는 하중
　　◦$A\,[\text{m}^2]$: 재료의 단면적

③ 비틀림 하중

　㉠ 그림과 같이 재료에 비틀림 하중이 작용하게 되면 비틀림 응력이 발생하게 된다.

　㉡ 비틀림을 받는 환봉의 응력은 축에서 "0"이며, 바깥표면에서 최대값을 갖고 그 사이는 선형적으로 변한다.

ⓒ 반지름이 r(또는 지름이 d)인 환봉에 비틀림 하중이 작용한다면 이 때 비틀림 응력은 다음과 같다.

$$\tau_{\max} = \frac{16\,T}{\pi d^3}[Pa]$$

(단, T [N · m] : 재료에 작용한 토크)

[환봉에 작용한 비틀림 하중]

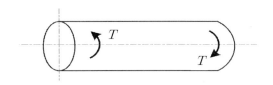

6 응력과 변형률

(1) 응력

① 응력의 개념 : 하중이 어떤 물체에 작용하면 그 물체의 내부에는 하중에 대항하는 힘이 생겨 균형을 이루는데, 이 저항력을 응력(Stress)이라고 한다.

② 응력의 분류

ⓐ 수직 응력 : 재료에 작용하는 하중의 방향이 단면적과 수직을 이룰 때 발생하는 응력을 말한다.

$$\sigma = \frac{P}{A}[Pa]$$

- 인장 응력 : 재료에 인장 하중이 작용한 경우
- 압축 응력 : 재료에 압축 하중이 작용한 경우

ⓑ 전단응력 : 재료에 작용하는 하중의 방향이 단면적과 평형을 이룰 때 발생하는 응력을 말한다.

$$\tau = \frac{P}{A}\ [Pa]$$

(2) 변형률

① **변형률의 개념** : 재료에 하중이 가해질 경우 재료의 변형 전의 치수에 대한 변형량의 비를 말한다.

② **변형률의 종류**

  ㉠ 종 변형률(ϵ) : 본래 길이에 대한 변형량의 비

$$\epsilon = \frac{l - l_0}{l_0} \quad (l_0 : \text{변형 전의 길이}, \ l : \text{변형 후의 길이})$$

  ㉡ 횡 변형률(ϵ') : 본래 지름에 대한 변형된 지름의 비

$$\epsilon' = \frac{d - d_0}{d_0} \quad (d_0 : \text{변형 전의 지름}, \ d : \text{변형 후의 지름})$$

  ㉢ 전단 변형률(γ) : 본래 길이에 대한 전단력에 의해 발생한 변형량의 비

$$\gamma = \frac{\lambda_s}{l_0} \fallingdotseq \tan\theta$$

  ◦ λ_s : 전단력에 의한 변형량
  ◦ θ[rad] : 전단 변형각

[전단 변형률]

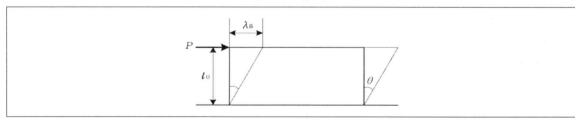

(3) 응력 – 변형률 선도

① **응력 – 변형률 선도의 개념** : 재료를 시험하여 시험결과 얻어진 재료에 작용하는 응력과 변형률의 관계를 선도로 나타낸 것이 응력 – 변형률 선도이다.

② 구간별 명칭

[응력 – 변형률 선도]

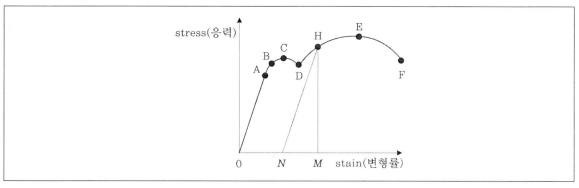

㉠ A점 : 비례 한도구간
  • 응력과 변형률이 비례관계에 있는 영역이다.
  • 이 때의 최대 응력값을 비례 한도라고 한다.

㉡ B점 : 탄성 한도구간
  • 비례한도를 넘어 응력과 변형률이 비례하지 않는 영역이다.
  • 직선이 아닌 곡선의 형태를 취하기 시작한다.
  • 이 때의 최대 응력값을 탄성 한도라 한다.

㉢ C점 : 상 항복점
  • 응력은 조금 변하지만 변형률은 급격히 변하는 구간이다.
  • 이 때의 응력값을 상 항복점이라 한다.

㉣ D점 : 하 항복점
  • 재료의 내부가 불안정한 상태로 되는 구간이다.
  • 소성변형을 하기 시작한다.

㉤ E점 : 극한 강도
  • 재료의 응력이 최대값을 갖는 구간이다.
  • 이 때의 응력값을 극한 강도 또는 기준 강도라 한다.
  • 재료의 강도를 표시할 때 사용된다.

㉥ F점 : 파괴 강도
  • 재료의 시편이 파괴되는 지점이다.
  • 이 때의 응력값을 파괴 강도라 한다.

(4) 후크의 법칙(Hook's law)

① **후크의 법칙의 개념** : 응력 – 변형률 선도의 비례 한도 내에서 응력과 변형률이 비례하는 법칙이다.

② **탄성계수**

    ⊙ 세로 탄성계수($E[\text{kgf}/\text{cm}^2]$) : 인장이나 압축의 경우 수직응력 σ 와 세로 변형률 ϵ 과의 비를 세로 탄성계수 또는 영률이라 하고, 가장 대표적인 연강의 경우 $E = 2.1 \times 10^6 \text{kgf}/\text{cm}^2$이다.

$$\sigma = E \cdot \epsilon \text{ 이므로 } E = \frac{\sigma}{\epsilon} = \frac{Pl_0}{A\delta}$$

$$\text{(단, } \sigma\,[\text{m}] : \text{변형량)}$$

    ⊙ 가로 탄성계수($G[\text{kg}/\text{m}^2]$) : 전단응력 τ 와 전단 변형률 γ 와의 비례상수 G를 가로 탄성계수라 하고, 가장 대표적인 연강의 경우 $G = 81 \times 10^6 \text{kgf}/\text{cm}^2$이다.

$$\tau = G \cdot \gamma \text{ 이므로 } \lambda_s = \frac{P_s l_0}{AG}$$

$$[\text{단, } P_a[\text{N}] : \text{전단 하중}]$$

    ⊙ 체적 탄성계수($K[\text{kg}/\text{m}^2]$) : 어떤 재료에 수직력 P가 작용하면 체적의 변화가 일어나는데 최초의 단위체적에 대한 비를 체적 탄성계수 K라 한다.

$$K = \frac{\sigma}{\epsilon_v} = \frac{P \cdot V}{A \cdot \Delta V}$$

∘ $V[\text{m}^3]$: 변형 전의 체적
∘ $\Delta V[\text{m}^3]$: 체적 변형량

③ **프아송 비**(Poisson's ratio : μ)

    ⊙ 세로 변형률과 가로 변형률의 비로서 재료에 따라 일정한 값을 갖는다.

$$\mu = \frac{\epsilon'}{\epsilon} = \frac{\text{횡 변형률}}{\text{종 변형률}}$$

    ⊙ 프아송 비의 범위 [$\mu \leq 0.5$(약 $0.30 \sim 0.50$ 정도)] : 고무와 같은 재료에서는 0.5에 가깝다. 따라서 고무는 그 길이가 늘어나도 그 체적이 거의 변하지 않는다.

(5) 사용 응력·허용 응력과 안전계수

① **사용 응력(σ_W)** : 어떤 기계나 장비를 장시간 안전하게 사용하고 있을 때 각 부재에 작용하고 있는 응력을 의미한다.

② **허용 응력(σ_a)** : 재료를 안전하게 사용할 수 있도록 설정된 탄성 한도 이하의 응력으로써 재료를 사용하는 데 허용되는 최대 응력값을 의미한다.

③ **안전계수**(Safety Factor : S)

　㉠ 재료의 극한 강도 또는 기준 강도와 허용 응력의 비를 안전계수 또는 안전율이라 한다.

$$S = \frac{\text{재료의 극한 강도}}{\text{재료의 허용 응력}}$$

　㉡ 재료의 극한 강도(기준 강도) 선정법
　　• 정 하중이 연성재료에 작용하는 경우 : 항복점이 기준 강도
　　• 정 하중이 취성재료에 작용하는 경우 : 극한 강도가 기준 강도
　　• 반복 하중, 교번 하중이 작용하는 경우 : 피로 한도가 기준 강도
　　• 고온에서 정 하중이 작용하는 경우 : 크리프 한도가 기준 강도
　　• 긴 기둥이나 편심 하중이 작용하는 경우 : 좌굴 응력이 기준 강도
　　• 소성설계나 극한설계의 경우 : 붕괴하지 않는 최대 하중이 기준 강도

[재료에 따른 안전계수]

재료	정 하중	반복 하중		충격 하중
		편진	양진	
주철	4	6	10	15
연강	3	5	8	12
강	3	5	8	15
연강	5	6	9	15
목재	7	10	15	20
석재	20	30	–	–

PLUS 크리프(Creep)
　㉠ 크리프 : 일정 하중하에서 온도가 상승함에 따라 변형률이 시간에 따라 변하는 현상을 말한다.
　㉡ 크리프 한도 : 어느 온도에서 어느 시간 후에 크리프가 정지할 때의 응력이다.

④ 탄성 한도 내에서의 응력순위 : 탄성 한도 > 허용 응력 ≥ 사용 응력

⑤ 안전계수 결정시 고려할 사항

　㉠ 하중, 응력의 종류 및 성질

　㉡ 재질의 균일성에 대한 신뢰도

　㉢ 하중계산의 정확도

　㉣ 응력계산의 정확도

　㉤ 작동조건(온도, 습도, 마찰, 침식, 부식, 마모 등)의 영향

　㉥ 공작, 조립의 정밀도와 잔류응력

　㉦ 재료의 수명

(6) 응력집중현상

① 응력집중 : 재료의 구성품에 구멍, 홈, 노치, 모서리 등과 같은 곳에는 하중이 가해질 때 그 단면에는 응력분포가 불규칙하고, 부분적으로 큰 응력이 발생하는데 이를 응력집중현상이라고 한다.

② 응력집중계수(σ_k)

　㉠ 응력집중계수란 최대응력을 평균응력으로 나눈 값이다.

$$\sigma_k = \frac{\text{최대 응력}}{\text{평균 응력}} = \frac{\sigma_{\max}}{\sigma}$$

　㉡ 재료의 치수와 크기에는 무관하지만 재료의 형상에 따라 변화한다.

[재료의 형상에 따른 응력집중현상]

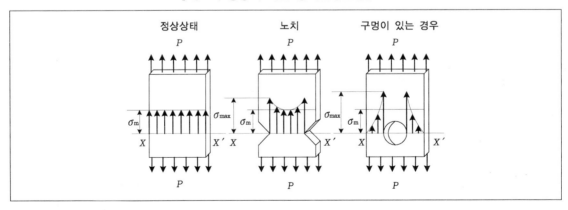

③ 응력집중의 완화대책 : 기계부품의 파손의 대부분은 외부표면에 작용하는 응력이 최대값으로 될 때 발생하므로 외력으로써 휨이나 비틀림이 작용하게 되면 특별히 표면부위의 응력집중을 경감시켜야 한다.

ㄱ 필렛의 반지름을 크게 한다(그림 ⓑ).

ㄴ 테이퍼 부분을 설치하여 단면변화를 완화시킨다(그림 ⓒ).

ㄷ 재료에 여러 개의 단면변화형상을 설치한다(그림 ⓓ).

ㄹ 단면변화부분에 보강재를 결합하여 응력을 완화시킨다.

[응력집중 완화대책]

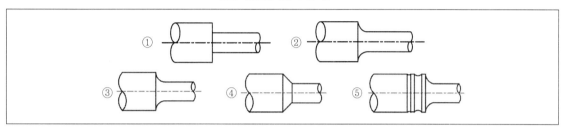

(7) 열응력

① **열응력의 개념** : 재료를 냉각하거나 가열하면 재료의 매질에 온도구배가 생긴다. 이 온도구배에 의해 발생한 응력을 열응력이라 한다.

[냉각ㆍ가열시 열응력 분포]

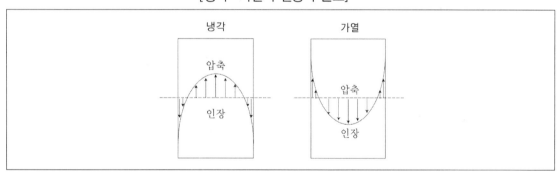

② **열응력** : 재료의 탄성계수와 변형률의 곱으로 나타낸다.

$$\sigma = \epsilon \cdot E = E \cdot \alpha (T_2 - T_1)$$

③ **변형률** : 재료의 본래 길이에 대한 변형량의 비를 변형률이라 한다.

$$\epsilon = \frac{\lambda}{l_0} = \alpha (T_2 - T_1)$$

④ 온도에 따른 변형량(λ) : 매질의 온도변화에 따른 변형량은 다음과 같다.

$$\lambda = l_0 - l = l_0\alpha\,(T_2 - T_1)$$

- l_0 : 온도가 변화하기 전의 재료의 길이
- l : 온도가 변화함에 따라 변형된 재료의 길이
- α : 선팽창계수
- T_1 : 재료의 처음 온도
- T_2 : 재료의 나중 온도

[재료의 양단이 고정된 경우의 열응력]

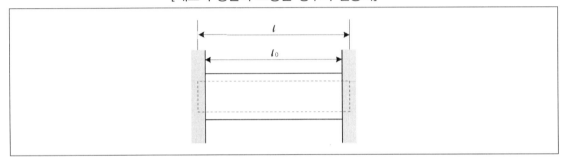

[재료의 선팽창계수]

재료	선팽창계수	재료	선팽창계수
에보나이트	0.0007700	니켈	0.0000125
납	0.0000283	연강	0.0000122
아연	0.0000253	연철	0.0000117
알루미늄	0.0000222	안티몬	0.0000113
주석	0.0000209	주철	0.0000100
은	0.0000194	한난계유리	0.0000090
황동	0.0000189	백금	0.0000086
구리	0.0000160	도자기	0.0000036
순금	0.0000142		

7 피로

(1) 피로(Fatigue)의 개요

① 피로의 정의 : 재료에 반복 동하중(인장, 압축)이 장시간 작용하게 되면 재료의 극한 강도보다 작은 값에서도 파괴가 시작된다. 이러한 현상은 요소의 재료에 피로가 발생했기 때문이며, 이러한 파괴를 피로 파괴 또는 간단히 피로라고 한다.

② 피로의 발생과정 : 피로는 재료에 초기 크랙이 발생하고 그 크랙 부위에 응력집중현상이 발생함으로써 재료의 파괴가 일어나 발생한다.

[재료의 피로순서]

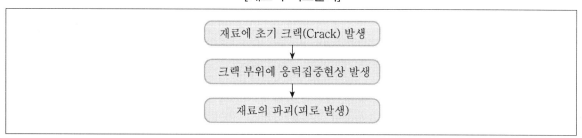

(2) $\sigma - N$ 곡선

① $\sigma - N$ 곡선의 원리 : 피로실험의 결과를 응력(σ)과 하중의 반복횟수(N)로 나타낸 그림으로, 응력이 작아지면 피로까지 하중의 반복횟수가 증가하고, 응력이 특정한 값에 도달하게 되면 반복횟수가 증가하여도 재료가 파괴되지 않는다.

② 연강의 대략적인 $\sigma - N$ 곡선

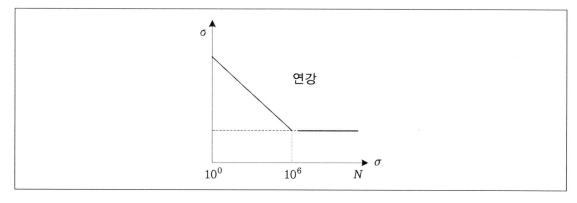

체결용 기계요소

1 나사·볼트·너트

(1) 나사

① 나사의 개요

㉠ 나사곡선 : 원통에 직각 삼각형의 종이를 감았을 때 직각 삼각형의 빗변이 원통면상에 그리는 곡선을 말한다.

㉡ 나사 각 부의 명칭

• 리이드 : 나사를 한 바퀴 돌렸을 때 축 방향으로 움직인 거리를 말한다.

• 피치 : 나사산과 나사산 사이의 축방향의 거리를 말한다.

• 골지름 : 나사의 골부분으로 수나사에서는 최소지름이고, 암나사에서는 최대지름이다.

• 바깥지름 : 수나사의 바깥지름으로 나사의 호칭지름이다.

• 유효지름 : $\dfrac{\text{바깥지름} + \text{골지름}}{2}$

㉢ 나사의 분류

• 수나사와 암나사

－수나사 : 원통 또는 원뿔의 바깥 표면에 나사산이 있는 나사를 말한다.

－암나사 : 원통 또는 원뿔의 안쪽에 나사산이 있는 나사를 말한다.

• 오른나사와 왼나사

－오른나사 : 시계방향으로 돌리면 들어가는 나사를 말한다.

－왼나사 : 반시계방향으로 돌리면 들어가는 나사를 말한다.

• 한 줄 나사와 여러 줄 나사

－한 줄 나사 : 한 줄의 나사산을 감아서 만든 나사를 말한다.

－여러 줄 나사 : 1회전에 대해 리드가 피치의 몇 배가 되는 나사를 말한다.

㉣ 나사의 호칭지름 : 나사의 크기를 나타내는 지름으로 수나사의 바깥지름을 기준으로 하며, 관용나사는 관의 호칭방법에 따라 표시한다.

② 나사의 종류

　㉠ 삼각나사(체결용 나사) : 기계부품을 결합하는 데 쓰이는 것으로 나사산의 모양에 따라 미터 나사, 유니파이 나사로 나뉜다.

　　• 미터나사 : 나사산의 지름과 피치를 mm로 나타내고, 나사산의 각도는 60°, 기호는 M으로 나타낸다. 보통나사와 가는나사로 나뉘며, 보통나사는 지름에 대하여 피치가 한 종류이지만, 가는나사는 피치의 비율이 보통나사보다 작게 되어 있어 강도를 필요로 하거나 두께가 얇은 원통부, 기밀을 유지하는 데 쓰인다.

　　• 유니파이나사 : 피치를 1인치 사이에 들어있는 나사산의 수로 나타내는 나사로 나사산의 각도는 60°, 기호는 U로 나타낸다. 이 나사 역시 유니파이 보통나사와 유니파이 가는나사로 나뉘며, 유니파이 가는나사는 항공용 작은나사에 사용된다.

　　• 관용나사 : 주로 파이프의 결합에 사용되는 것으로, 관용 테이퍼 나사와 관용 평행 나사로 나뉘며, 나사산의 각도는 55°, 피치는 1인치에 대한 나사산의 수로 나타낸다.

　㉡ 운동용 나사

　　• 사각나사 : 나사산의 단면이 정사각형에 가까운 나사로 비교적 작은 힘으로 축방향에 큰 힘을 전달하는 장점이 있으며 잭, 나사 프레스 등에 사용된다.

　　• 사다리꼴나사 : 나사산이 사다리꼴로 되어 있는 나사로, 고정밀도의 것을 얻을 수 있어 선반의 이송나사 등 스러스트를 전하는 운동용 나사에 사용되며, 나사산의 각도가 30°와 29° 두 종류가 있다.

　　• 톱니나사 : 나사산의 단면 형상이 톱니모양으로 축방향의 힘이 한 방향으로 작용하는 경우 등에 사용되며, 가공이 쉽고 맞물림 상태가 좋으며, 마멸이 되어도 어느 정도 조정할 수가 있으므로 공작기계의 이송나사로 널리 사용된다.

　　• 둥근나사 : 나사산의 모양이 둥근 것으로 결합작업이 빠른 경우나 쇳가루, 먼지, 모래 등이 많은 곳이나 진동이 심한 경우에 사용된다.

　　• 볼나사 : 수나사와 암나사 대신에 홈을 만들어 홈 사이에 볼을 넣어, 마찰과 뒤틈을 최소화한 것으로 항공기, NC, 공작기계의 이동용 나사에 사용된다.

(2) 볼트 및 너트

① 볼트의 종류

　㉠ 육각볼트 : 머리모양이 육각형인 볼트로 각종 부품을 결합하는 데 사용되는 대표적인 볼트이다.

　㉡ 죔 볼트

　　• 관통볼트 : 연결할 두 개의 부품에 구멍을 뚫고 볼트를 관통시킨 후 너트로 죄는 볼트이다.

　　• 탭 볼트 : 결합할 부분이 두꺼워서 관통구멍을 뚫을 수 없을 때 한 쪽 부분에 탭핑작업을 하고, 다른 한 쪽에 구멍을 뚫어 나사를 고정시키는 방법으로 너트는 사용되지 않는다.

- 스터드볼트 : 양 끝을 깎은 머리가 없는 볼트로서 한 쪽은 몸체에 고정시키고, 다른 쪽에는 결합할 부품을 대고 너트를 끼워 죄는 볼트로 자주 분해, 결합하는 경우에 사용된다.

 ⓒ 특수볼트
- T볼트 : 머리가 T자형으로 된 볼트를 말하며, 공작기계에 일감이나 바이스 등을 고정시킬 때에 사용된다.
- 아이볼트 : 물체를 끌어올리는데 사용되는 것으로 머리 부분이 도너츠 모양으로 그 부분에 체인이나 혹을 걸 수 있도록 만들어져 있다.
- 기초볼트 : 기계나 구조물의 기초 위에 고정시킬 때 사용된다.

② 너트의 종류

 ㉠ 육각너트 : 육각기둥 모양의 너트로 가장 널리 사용된다.

 ⓒ 특수너트
- 캡너트 : 육각너트의 한 쪽 부분을 막은 것으로 유체의 유출을 방지할 때 사용된다.
- 나비너트 : 나비 날개 모양으로 만든 것으로 손으로 죌 수 있는 곳에 사용된다.
- 아이너트 : 아이볼트와 같은 용도로 사용되는 것으로 머리부분이 도너츠 모양으로 그 부분에 체인이나 혹을 걸 수 있도록 만들어져 있다.
- 둥근너트 : 자리가 좁아 보통 육각너트를 사용할 수 없거나 너트의 높이를 작게 할 경우에 사용된다.

(3) 와셔

① 와셔의 용도

 ㉠ 볼트의 구멍이 클 때

 ⓒ 볼트 자리의 표면이 거칠 때

 ⓒ 압축에 약한 목재, 고무, 경합금 등에 사용될 때

 ㉣ 풀림을 방지하거나 가스켓을 조일 때

② 와셔의 종류

 ㉠ 평와셔 : 둥근와셔와 각와셔로 육각볼트, 육각너트와 함께 주로 사용된다.

 ⓒ 특수와셔 : 풀림방지에 주로 쓰이며, 스프링 와셔, 이붙이 와셔, 접시 스프링 와셔, 스프링판 와셔, 로크 너트 등이 있다.

2　핀·키·코터

(1) 핀(Pin)

① 핀의 용도 : 핸들을 축에 고정할 때나 부품을 설치, 분해, 조립하는 경우 등 경하중이 작용하거나 기계를 분해 수리해야 하는 곳에 사용된다.

② 핀의 종류

　㉠ 평행핀 : 부품의 위치결정에 사용된다.

　㉡ 테이퍼핀 : 정밀한 위치결정에 사용된다.

　㉢ 분할핀 : 부품의 풀림방지나 바퀴가 축에서 빠지는 것을 방지할 때 사용된다.

　㉣ 스프링핀 : 세로방향으로 쪼개져 있어서 해머로 충격을 가해 물체를 고정시키는 데 사용된다.

(2) 키(Key)

① 키의 용도 : 비틀림에 의하여 주로 전단력을 받으며, 회전체를 축에 고정시켜서 회전운동을 전달시킴과 동시에 축방향에도 이동할 수 있게 할 때 사용된다.

② 키의 종류

　㉠ 묻힘키(sunk key) : 벨트풀리 등의 보스(축에 고정시키기 위해 두껍게 된 부분)와 축에 모두 홈을 파서 때려 박는 키이다. 가장 일반적으로 사용되는 것으로, 상당히 큰 힘을 전달할 수 있다.

　㉡ 미끄럼키(sliding key) : 테이퍼(기울기)가 없는 키이다. 보스가 축에 고정되어 있지 않고 축 위를 미끄러질 수 있는 구조로 기울기를 내지 않는다.

　㉢ 반달키(woodruff key) : 반달 모양의 키로 축에 테이퍼가 있어도 사용할 수 있으므로 편리하다. 축에 홈을 깊이 파야 하므로 축이 약해지는 결점이 있다. 큰 힘이 걸리지 않는 곳에 사용된다.

　㉣ 원추키(cone key) : 마찰력만으로 축과 보스를 고정하며 키를 축의 임의의 위치에 설치가 가능하다. 필요한 위치에 정확하게 고정시킬 필요가 있는 곳에 사용되며, 바퀴가 편심되지 않는 장점이 있다.

　㉤ 스플라인축(spline shaft) : 축에 평행하게 4~20줄의 키 홈을 판 특수키이다. 보스에도 끼워 맞추어지는 키 홈을 파서 결합한다. (스플라인 : 큰 토크를 전달하기 위해 묻힘키를 여러 개 사용한다고 가정하면 축에 여러 개의 키홈을 파야 하므로 축의 손상에 따른 강도 저하는 물론 공작 또한 매우 어렵게 된다. 그러므로 강도저하를 방지하면서 큰 토크를 전달하기 위해 축 둘레에 몇 개의 키 형상을 방사상으로 가공하여 키의 기능을 가지도록 하는데 이렇게 가공한 축을 스플라인 축이라고 하고 보스에 가공한 것을 스플라인이라 한다.)

ⓗ **안장키(saddle key)** : 축은 그대로 두고 보스에만 키홈을 가공하여 큰 회전력을 전달하거나 역회전에 용이하게 만든 키이다. 축에는 가공하지 않고 축의 모양에 맞추어 키의 아랫면을 깎아서 때려 박는 키이다. 축에 기어 등을 고정시킬 때 사용되며, 큰 힘을 전달할 수는 있으나 불안정하므로 큰 힘의 전달에는 일반적으로 사용되지 않는다.

ⓢ **둥근키(round key)** : 단면은 원형이고 테이퍼핀 또는 평행핀을 사용하고 핀키(pin key)라고도 한다. 축이 손상되는 일이 적고 가공이 용이하나 큰 토크의 전달에는 부적합하다.

ⓞ **납작키(flat key)** : 축의 윗면을 편평하게 깎고, 그 면에 때려 박는 키이다. 안장키보다 큰 힘을 전달할 수 있다.

ⓩ **접선키(tangent key)** : 기울기가 반대인 키를 2개 조합한 것이다. 큰 힘을 전달할 수 있다.

ⓒ **페더키(feather key)** : 벨트풀리 등을 축과 함께 회전시키면서 동시에 축 방향으로도 이동할 수 있도록 한 키이다. 따라서 키에는 기울기를 만들지 않는다.

(3) 코터(Cotter)

① **코터의 용도** : 단면이 평판모양의 쐐기이며, 주로 인장 또는 압축을 받는 두 축을 흔들림 없이 연결하는 데 사용된다.

② **코터의 3요소**

    ㉠ 로드

    ㉡ 코터

    ㉢ 소켓

③ **코터의 기울기**

    ㉠ 자주 분해하는 것 : $\dfrac{1}{5} \sim \dfrac{1}{10}$

    ㉡ 일반적인 것 : $\dfrac{1}{25}$

    ㉢ 영구 결합하는 것 : $\dfrac{1}{50} \sim \dfrac{1}{100}$

④ **코터의 자립조건** : 코터는 사용 중 기울기로 인한 자연풀림현상을 방지하기 위해 일정한 자립조건을 가지고 있어야 한다(α : 코터의 기울기, ρ : 마찰각).

    ㉠ 한쪽 기울기 : $\alpha \geq 2\rho$

    ㉡ 양쪽 기울기 : $\alpha \geq \rho$

3 리벳과 리벳이음

(1) 리벳

리벳은 판재나 형강을 영구적인 이음을 할 때 사용하는 결합용 기계요소로서 구조가 간단하고 시공이 용이하여 기밀이 요구되는 곳의 이음에 주로 사용된다.

① 머리형상에 의한 분류 : 둥근머리 리벳, 접시머리 리벳, 납작머리 리벳, 냄비머리 리벳이 있다.

② 제조방법에 의한 분류

    ㉠ 냉간 리벳 : 호칭지름 1~13mm의 냉간에서 성형된 비교적 작은 지름의 리벳이다.

    ㉡ 열간 리벳 : 호칭지름 10~44mm의 열간에서 성형된 큰 지름의 리벳이다.

(2) 리벳이음

겹쳐진 금속판에 구멍을 뚫고, 리벳을 끼운 후 머리를 만들어 영구적으로 결합시키는 방법을 말한다.

① 리벳이음의 종류 : 리벳이음의 종류는 사용한 목적, 판의 이음방법 그리고 리벳의 열수에 따라 각각 나뉘어진다.

    ㉠ 사용목적에 따른 분류

      • 관용리벳 : 주로 기밀을 요하는 보일러나 압력용기에 사용된다.

      • 저압용 리벳 : 주로 수밀을 요하는 물탱크나 연통에 사용된다.

      • 구조용 리벳 : 주로 힘의 전달과 강도를 요하는 구조물이나 교량에 사용된다.

    ㉡ 판의 이음방법에 따른 분류

      • 겹치기 이음 : 결합할 판재를 겹치기 한 이음으로, 힘의 전달이 동일 평면으로 옳지 않은 편심 하중으로 된다.

      • 맞대기 이음 : 한쪽 덮개판 맞대기 이음, 양쪽 덮개판 맞대기 이음이 있다.

    ㉢ 리벳의 열수

      • 한줄 리벳 이음

      • 복줄 리벳 이음 : 2줄 리벳 이음, 3줄 리벳 이음

② 리벳이음의 작업순서

    ㉠ 강판이나 형판을 구멍이나 드릴을 이용하여 구멍을 뚫는다.

    ㉡ 뚫린 구멍을 리머로 정밀하게 다듬은 후 리벳팅한다.

    ㉢ 기밀을 필요로 하는 경우는 코킹을 만든다.

③ 리벳이음의 작업방법

    ㉠ **리베팅(Rivetting)** : 스냅공구를 이용하여 리벳의 머리를 만드는 작업방법이다.

    ㉡ **코킹(Caulking)** : 리벳의 머리 주위 또는 강판의 가장자리를 끌을 이용하여 그 부분을 밀착시켜 틈을 없애는 작업방법이다.

    ㉢ **풀러링(Fullering)** : 완벽한 기밀을 위해 끝이 넓은 끌로 때려 붙이는 작업방법이다.

④ 리벳접합의 기본용어

    ㉠ **게이지라인** : 리벳의 중심선을 연결하는 선이다.

    ㉡ **게이지** : 게이지라인과 게이지라인 사이의 거리이다.

    ㉢ **피치** : 볼트 중심 간의 거리이다.

    ㉣ **그립** : 리벳으로 접합하는 판의 총 두께이다.

    ㉤ **클리어런스** : 작업 공간 확보를 위해서 리벳의 중심부터 리베팅하는 데 장애가 되는 부분까지의 거리를 말한다.

    ㉥ **연단거리** : 최외단에 설치한 리벳중심에서 부재 끝까지의 거리를 말한다.

(3) 용접이음

① **개념** : 두 개 이상의 금속을 용융온도 이상의 고온으로 가열하여 접합하는 금속적 결합으로 영구적인 이음을 말한다.

② **용접이음의 장 · 단점**

장점	단점
• 제작비가 적게 들며 이음효율이 우수하다.	• 열에 의한 변형이 발생하며, 취성파괴 및 균열이 발생하기 쉽다.
• 이음의 형태가 자유롭고 구조가 간단하며 이음효율이 높다.	• 용접부의 내부 결함을 판단하기 어렵다.
• 용접부의 내마멸성, 내식성, 내열성을 가지게 한다.	• 용융된 부분은 재질의 특성이 변하게 된다.
• 접합부에 틈새가 생기지 않아 기밀성과 수밀성이 우수하다.	• 용접 후 잔류응력이 남아있게 되며 용접이음부분에 응력이 집중된다.
• 작업공정이 줄고 자동화하기 용이하며 초대형품도 제작이 가능하다.	• 접합완료 후 수정이 매우 어렵다.

③ 용접부의 모양

　㉠ 홈 용접 : 접합하고자 하는 부위에 홈을 만들어 용접하는 방법이다.

　㉡ 필릿 용접 : 직교하는 면을 접합하는 용접방법이다.

　㉢ 플러그 용접 : 접합할 재료의 한 쪽에만 구멍을 내어 그 구멍을 통해 판의 표면까지 비드를 쌓아 접합하는 용접방법이다.

　㉣ 비드 용접 : 재료를 구멍을 내거나 가공을 하지 않은 상태에서 비드를 용착시키는 용접방법이다.

④ 용접이음의 종류

　㉠ 맞대기 용접이음 : 재료를 맞대고 홈을 낸 뒤 두 모재가 거의 같은 평면을 이루면서 용접을 하는 방법이다.

　㉡ 겹치기 용접이음 : 모재의 일부를 겹친 용접이음으로서, 이것에는 필릿용접, 스폿용접, 심용접, 땝납 등의 용접법이 있다. (참고로 T형 용접은 필릿용접이음에 속한다.)

　㉢ 덮개판 용접이음 : 모재표면과 판과의 끝면을 필릿용접으로 처리한 것으로서 한면덮개판 이음법과 양면덮개판 이음법이 있다.

　㉣ 단붙임 겹치기 용접이음 : 겹치기 이음의 한쪽 부재에 단을 만들어 모재가 거의 동일 평면이 되도록 한 용접이음이다.

⑤ 용접이음의 강도

　㉠ 맞대기 용접이음

　　ⓐ 인장응력 : $\sigma_1 = \dfrac{P_1}{tl}$

　　ⓑ 전단응력 : $\tau = \dfrac{P_2}{tl}$

　　　　　　　∘ P_1 : 재료에 가해진 하중　∘ t : 판의 두께　∘ l : 용접의 길이

　㉡ 필릿이음

$$\sigma_t = \frac{P}{2tl} = \frac{P}{2 \cdot f \cdot \cos 45° \cdot l} = \frac{0.707 \cdot P}{f \cdot l}$$

∘ P : 재료에 가해진 하중　∘ t : 판의 두께　∘ l : 용접의 길이　∘ f : 용접사이즈

축에 관한 기계요소

2 축(Shaft)

(1) 축의 개요

① 축은 기계에서 동력을 전달하는 중요한 부분이므로 피로에 의한 파괴가 일어나지 않도록 허용 응력을 선정해야 한다.

② 축의 단면은 일반적으로 원형이며, 원형 축에는 속이 꽉 찬 실축과 속이 빈 중곡축이 사용되고 있다.

(2) 축의 재료

축의 재료로는 일반적으로 탄소강이 가장 널리 쓰이며, 고속회전이나 중하중의 기계용에는 Ni - Cr강, Cr - Mo강 등의 특수강을 사용한다.

(3) 축의 종류

① 용도에 의한 분류

   ⊙ 차축(axle) : 주로 굽힘 하중을 받으며, 토크를 전하는 회전축과 전하지 않는 정지축이 있다.

   ⓛ 전동축(transmission shaft) : 주로 비틀림과 굽힘 하중을 동시에 받으며, 축의 회전에 의하여 동력을 전달하는 축이다.

   ⓒ 스핀들(spindle) : 주로 비틀림 하중을 받으며, 공작기계의 회전축에 쓰인다.

② 형상에 의한 분류

   ⊙ 직선축(straight shaft) : 일반적으로 동력을 전달하는 데 사용되는 축이다.

   ⓛ 크랭크축(crank shaft) : 왕복운동과 회전운동의 상호 변환에 사용되는 축으로, 다시 말하면 직선운동을 회전운동으로 또는 회전운동을 직선운동으로 바꾸는 데 사용되는 축이다.

   ⓒ 플렉시블(flexible shaft) : 철사를 코일 모양으로 2~3중으로 감아서 자유롭게 휠 수 있도록 만든 것으로, 전동축이 큰 굽힘을 받을 때 축방향으로 자유로이 변형시켜 충격을 완화하는 축이다.

(4) 축 설계 시 고려사항

① **강도(strength)** : 다양한 하중의 종류를 충분히 견딜 수 있는 충분한 강도를 유지하도록 설계하여야 한다.

② **강성(rigidity, stiffness)** : 강성이란 처짐이나 비틀림에 대한 저항력을 말하며, 강성의 종류에는 굽힘 강성과 비틀림 강성이 있는데, 이러한 처짐이나 비틀림에 충분히 견딜 수 있도록 설계하여야 한다.

③ **진동(vibration)** : 굽힘 또는 비틀림으로 진동이 축의 고유진동과 공진할 때의 위험속도를 고려하여 다양한 종류의 진동에 충분히 견딜 수 있도록 설계하여야 한다.

④ **부식** : 부식의 우려가 있는 곳에서 사용되는 축은 부식을 방지할 수 있는 방식처리를 할 수 있도록 설계하여야 한다.

⑤ **열응력** : 높은 열응력을 받는 축은 열응력 및 열팽창을 고려하여 열응력에 의한 파괴를 방지할 수 있도록 설계하여야 한다.

(5) 축의 직경설계

① **굽힘 모멘트만 받는 경우** : 굽힘 모멘트를 M, 단면계수를 Z, 축지름을 d, 축 재료의 허용 굽힘 응력을 σ_a라 하면 굽힘 모멘트만 받는 경우의 직경은 다음과 같이 결정한다.

    ㉠ **중실축**

       • $\sigma_a = \dfrac{M}{z} = \dfrac{32M}{\pi d^3}$

       • $d = \sqrt[3]{\dfrac{10.2M}{\sigma_a}}$

    ㉡ **중공축** : $d = \sqrt[3]{\dfrac{10.2M}{(1-x^4)\sigma_a}}$ (내경을 d_1, 외경을 d_2라 하고, 내외경비가 $x = \dfrac{d_1}{d_2}$라 할 때)

② **비틀림 모멘트만 받는 경우** : 최대 비틀림 모멘트를 T, 극단면 계수를 Z_p, 축 재료의 허용 비틀림 응력을 τ_a라 하면 비틀림 모멘트만 받는 경우의 직경은 다음과 같이 결정한다.

    ㉠ **중실축**

       • $T = \tau Z_p = \dfrac{\pi d^3}{16}\tau_a$

       • $d = \sqrt[3]{\dfrac{5.1T}{\tau_a}}$

ⓛ 중공축 : $d = \sqrt[3]{\dfrac{5.1\,T}{(1-x^4)\tau_a}}$ (내경을 d_1, 외경을 d_2라 하고, 내외경비가 $x = \dfrac{d_1}{d_2}$라 할 때)

③ 비틀림 모멘트와 굽힘 모멘트를 동시에 받는 경우 : 비틀림과 굽힘 모멘트를 동시에 받을 경우에는 이들의 작용을 합성한 상당 굽힘 모멘트 M_e와 상당 비틀림 모멘트 T_e를 도입하여 직경은 다음과 같이 결정한다.

> ⓐ $T_e = \sqrt{M^2 + T^2}$
>
> ⓑ $M_e = \dfrac{1}{2}(M + \sqrt{M^2 + T^2}) = \dfrac{1}{2}(M + T_e)$

㉠ 중실축

- $d = \sqrt[3]{\dfrac{10.2\,M_e}{\sigma_a}}$

- $d = \sqrt[3]{\dfrac{5.1\,T_e}{\tau_a}}$

㉡ 중공축

- $d = \sqrt[3]{\dfrac{10.2\,M_e}{(1-x^4)\sigma_a}}$

- $d = \sqrt[3]{\dfrac{5.1\,T_e}{(1-x^4)\tau_a}}$

2 축이음

(1) 축이음의 개념

① 긴 축을 사용해야 할 경우에는 몇 개의 축을 이어서 사용하거나, 원동기에 의하여 다른 기계를 구동할 경우에는 그 두 축을 연결해야 하는데 이 때 두 개 또는 여러 개의 축을 연결하여 동력을 전달하는 데 사용되는 기계요소를 축이음이라 한다.

② 축이음에는 영구적인(운전 중에 결합을 끊을 수 없는) 이음인 커플링과 동력을 자주 단속할 필요성이 있을 때 사용되는 이음인 클러치가 있다.

(2) 커플링(Coupling)

① **고정 커플링**(fixed coupling) : 일직선상에 있는 두 축을 연결할 때 사용하는 커플링으로 원통형 커플링과 플랜지 커플링으로 나뉜다.

   ⊙ **원통형 커플링** : 직결할 2축의 축단에 철강제의 원통을 부착하여 볼트나 키에 의해서 이음하게 된다.

   ⓛ **플랜지 커플링** : 축의 양 끝에 플랜지를 붙이고 볼트로 체결하는 방식으로, 직경이 큰 축이나 고속회전하는 정밀회전축 이음에 사용된다.

② **플랙시블 커플링**(flexible coupling) : 두 축의 중심을 완벽하게 일치시키기 어려울 경우나 엔진, 공작기계 등과 같이 진동이 발생하기 쉬운 경우에 고무, 가죽, 금속판 등과 같이 유연성이 있는 것을 매개로 사용하는 커플링이다.

③ **올덤 커플링**(Oldham's coupling) : 두 축이 평행하거나 약간 떨어져 있는 경우에 사용되고, 양축 끝에 끼어 있는 플랜지 사이에 90°의 키 모양의 돌출부를 양면에 가진 중간 원판이 있고, 돌출부가 플랜지 홈에 끼워 맞추어 작용하도록 3개가 하나로 구성되어 있다. 두 축의 중심이 약간 떨어져 평행할 때 동력을 전달시키는 축으로 고속회전에는 적합하지 않다.

④ **유니버설 조인트**(universal joint) : 두 개의 축이 만나는 각이 수시로 변화해야 하는 경우 사용되는 커플링으로 두 축이 어느 각도로 교차되고, 그 사이의 각도가 운전 중 다소 변하더라도 자유로이 운동을 전달할 수 있는 축이음이다. 훅 조인트(Hook's joint)라고도 하며, 두 축이 같은 평면 내에 있으면서 그 중심선이 서로 30° 이내의 각도를 이루고 교차하는 경우에 사용된다. 공작 기계, 자동차의 동력전달 기구, 압연 롤러의 전동축 등에 널리 쓰인다. 하지만 이 커플링은 구동축을 일정한 각도로 회전시켜도 피동축의 각 속도가 180°의 주기로 변동되는 단점이 있으므로 두 축이 만나는 각은 원활한 전동을 위하여 30° 이하로 제한하는 것이 좋다.

⑤ **유체 커플링**(hydraulic coupling) : 구동축에 고정된 펌프 날개차의 회전에 의하여 에너지를 받은 물 또는 기름과 같은 유체가 피동축에 고정된 터빈 날개차에 들어가서 피동축을 회전시켜 동력을 전달하는 것으로, 시동이 쉽고 진동과 충격이 유체에 흡수되어 피동축에 전달되지 않으므로, 힘의 변동이 크고 기동할 때에 저항이 큰 컨베이어, 크레인, 차량용 등에 널리 사용되고 있는 커플링이다.

⑥ **머프 커플링** : 주철제의 원통 속에서 두 축을 서로 맞대고 키로 고정한 커플링이다. 축지름과 하중이 작을 경우 사용하며 인장력이 작용하는 축에는 적합하지 않다.

⑦ **셀러 커플링** : 머프 커플링을 셀러(seller)가 개량한 것으로 주철제의 바깥 원통은 원추형으로 이고 중앙부로 갈수록 지름이 가늘어지는 형상이다. 바깥원통에 2개의 주철제 원추통을 양쪽에 박아 3개의 볼트로 죄어 축을 고정시킨 것이다.

⑧ **플랜지 커플링** : 큰 축과 고속정밀회전축에 적합하며 커플링으로서 가장 널리 사용되는 방식이다. 양 축 끝단의 플랜지를 키로 고정한 이음이다.

⑨ **플렉시블 커플링** : 두 축의 중심선이 약간 어긋나 있을 경우 탄성체를 플랜지에 끼워 진동을 완화시키는 이음이다. 회전축이 자유롭게 이동할 수 있다.

⑩ **기어 커플링** : 한 쌍의 내접기어로 이루어진 커플링으로 두 축의 중심선이 다소 어긋나도 토크를 전달할 수 있어 고속회전 축이음에 사용되는 이음이다.

⑪ **등속 조인트**(constant-velocity joint) … 일직선상에 놓여 있지 않은 두 개의 축을 연결하는 데 쓰이고, 축의 1회전 동안 회전각속도의 변동 없이 동력을 전달하며, 전륜 구동 자동차의 동력전달장치로 사용되는 조인트이다.

⑫ **주름형 커플링**(bellows coupling) … 미소각을 연결하고자 할 경우 사용하는 주름형태의 커플링이다.

(3) 클러치(Clutch)

① **맞물림 클러치**(claw clutch) : 서로 맞물려 돌아가는 조(jaw)의 한쪽을 원동축으로 하고, 다른 방향은 종동축으로 하여 동력을 전달할 수 있도록 한 클러치이다. 클러치 중 가장 간단한 구조로 서로 물릴 수 있는 이(齒)를 가진 플랜지를 축의 끝에 끼우고, 피동축을 축방향으로 이동할 수 있게 하여 이 이(齒)가 서로 맞물리기도 하고 떨어질 수도 있게 하여 동력을 전달 및 단속하게 된다.

② **마찰 클러치**(friction clutch) : 두 개의 마찰면을 서로 강하게 접촉시켜 생기는 마찰력으로 동력을 전달하는 클러치로, 구동축이 회전하는 중에도 충격없이 피동축을 구동축에 결합시킬 수 있으며, 마찰 클러치의 종류에는 원판 클러치와 원추 클러치가 있다.

　㉠ **원판 클러치** : 두 개의 접촉면이 평면인 클러치이다.

　㉡ **원추 클러치** : 접촉면이 원뿔형으로 되어 있어, 축방향에 작은 힘이 작용하여도 접촉면에 큰 마찰력이 발생하여 큰 회전력을 전달 할 수 있는 클러치이다.

③ **유체 클러치**(hydraulic clutch) : 원통축에 고정된 날개를 회전하면 밀폐기의 유체가 원심력에 의해 회전하면서 중동축에 있는 터빈 날개를 회전시키게 되는 클러치이다.

④ **전자 클러치** … 코일에 생기는 전자력으로 아마추어를 끌어 당기고, 전류가 끊어지면 스프링의 힘에 의해 아마추어가 끊어지는 구조로, 전자력에 의해 작동하는 클러치로 각종 기계나 전용 공작기계의 위치, 속도 등을 제어하는 축이음 요소로 사용되고 있으며, 토크를 임의로 제어할 수 있고, 원격조작이 가능하며 작동도 안정적이다.

3 　베어링(Bearing)

(1) 베어링의 개념

① 회전하는 부분을 지지하는 축을 베어링이라 한다.

② 베어링에 둘러싸여 회전하는 축의 부분을 저널이라고 한다.

③ 베어링 재료에 요구되는 성질은 다음과 같다.

　　㉠ 하중 및 피로에 대한 충분한 강도를 가질 것

　　㉡ 축에 눌어붙지 않는 내열성을 가질 것

　　㉢ 내부식성이 강할 것

　　㉣ 유막의 형성이 용이할 것

　　㉤ 축의 처짐과 미소 변형에 대하여 유연성이 좋을 것

　　㉥ 베어링에 흡입된 미세한 먼지 등의 흡착력이 좋을 것

　　㉦ 내마멸성 및 내구성이 좋을 것

　　㉧ 마찰계수가 작을 것

　　㉨ 마찰열을 소산시키기 위한 용이한 구조일 것

(2) 베어링의 분류

① 베어링 구조에 의한 분류

　　㉠ 미끄럼 베어링(sliding bearing) : 베어링과 저널이 미끄럼 접촉을 하는 베어링이다.

　　㉡ 구름 베어링(rolling bearing) : 베어링과 저널 사이에 볼이나 롤러에 의하여 구름 접촉을 하는 베어링이다.

② 베어링이 지지할 수 있는 힘의 방향에 의한 분류

　　㉠ 레디얼 베어링(radial bearing) : 축에 수직방향으로 작용하는 힘을 받는 베어링이다.

　　㉡ 스러스트 베어링(thrust bearing) : 축방향으로 작용하는 힘을 받는 베어링이다.

(3) 윤활

축과 베어링은 상대운동을 하기 때문에 마찰이 생기고, 열이 발생되어 동력손실을 가져오게 되며 또 소손을 일으켜 기계손상의 원인이 되므로 윤활유 등에 의해 마찰을 감소하고, 발생열을 제거하기 위해서 윤활을 해야 한다.

① 윤활의 종류

　　㉠ 완전 윤활 : 유체마찰로 이루어지는 윤활상태를 나타내며, 유체윤활이라고 한다.

　　㉡ 불완전 윤활 : 유체마찰상태에서 유막이 약해지면서 마찰이 급격히 증가하기 시작하는 경계윤활상태로 경계윤활이라고도 한다.

② 윤활의 방법

[베어링의 윤활 방법]

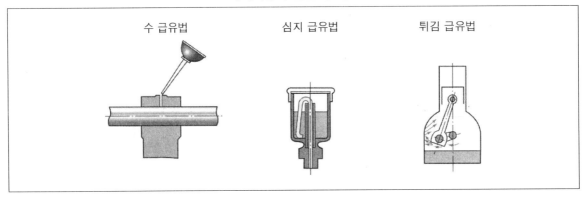

(4) 미끄럼 베어링

축과 베어링이 직접 접촉하여 미끄럼 운동을 하는 베어링이다.

① 미끄럼 베어링의 재료

　　㉠ 주철 : 저속 회전용에 사용된다.

　　㉡ 동합금 : 내마멸성과 열전도율이 좋아 고속, 고하중에 사용된다.

　　㉢ 주석을 주성분으로 한 합금 : 고급 베어링 재료로 고하중에 사용된다.

　　㉣ 아연을 주성분으로 한 합금 : 가격이 저렴하지만 내마멸성이 떨어져 중하중에 사용된다.

　　㉤ 납을 주성분으로 한 합금 : 대단히 연질이기 때문에 구리나 주철의 내측에 얇게 입혀서 사용한다.

② 미끄럼 베어링의 장·단점

　　㉠ 장점

　　　• 구조가 간단하여 수리가 용이하다.

　　　• 충격에 견디는 힘이 커서 하중이 클 때 주로 사용된다.

　　　• 진동, 소음이 적다.

　　　• 가격이 싸다.

ⓛ 단점
- 시동시 마찰저항이 매우 크다.
- 윤활유의 주입이 까다롭다.

(5) 구름 베어링

① 구름 베어링의 구조
　ⓖ 내륜, 외륜, 전동체, 리테이너로 구성되어 있다.
　ⓛ 내륜과 외륜 사이에 롤러나 볼을 넣어 마찰을 적게 하고, 구름 운동할 수 있도록 되어있는 구조이다.
　ⓒ 리테이너 : 볼을 원주에 고르게 배치하여 상호간의 접촉을 피하고 마멸과 소음을 방지하는 역할을 한다.

② 구름 베어링의 재료
　ⓖ 내륜, 외륜, 전동체의 재료는 고탄소 크롬강의 일종인 베어링 강이 주로 쓰인다.
　ⓛ 리테이너의 재료는 탄소강, 청동, 경합금, 베이클라이트 등이 사용된다.

③ 구름 베어링의 장·단점
　ⓖ 장점
- 규격화되어 있어 교환 및 선택이 용이하다.
- 윤활이 용이하다.
- 기계의 소형화가 가능하다.
　ⓛ 단점
- 윤활유가 비산하고 전동체가 있어 고속회전에 불리하다.
- 설치와 조립이 까다롭다.
- 소음이 심하다.
- 충격에 약하다.
- 가격이 비싸다.

④ 구름 베어링의 종류
　ⓖ 전동체의 종류에 따른 분류
- 볼 베어링
- 롤러 베어링
　－원통 롤러 베어링
　－구면 롤러 베어링

－원추 롤러 베어링

　　－니들 롤러 베어링

　ⓛ 전동체의 열수에 따른 분류

　　• 단열 베어링

　　• 복열 베어링

미끄럼 베어링	구름(볼, 롤러) 베어링
지름은 작으나 폭이 크게 된다.	폭은 작으나 지름이 크게 된다.
일반적으로 간단하며 보수가 용이하다	전동체가 있어 복잡하며 보수가 어렵다.
싸다	비싸다
크다	작다
크다	작다
나쁘다	우수하다
유막에 의한 감쇠력이 우수하다. (충격치가 크다.)	감쇠력이 작아 충격 흡수력이 작다. (충격치가 작다.)
저속회전에 적합하나 공진속도를 지난 고속회전에도 적합하다.	고속회전에 적합하나 공진속도의 영역 내에서만 가능하다
작다	크다.
큰 하중에 적용한다.	작은 하중에 적용한다.
크다.	작다.
자체 제작하는 경우가 많다.	표준형 양산품으로 호환성이 높다.

PLUS 충격치 … 시험편을 절단하는데 필요한 에너지 (충격강도로 이해하면 무리가 없다.)

⑤ 구름 베어링의 규격과 호칭번호

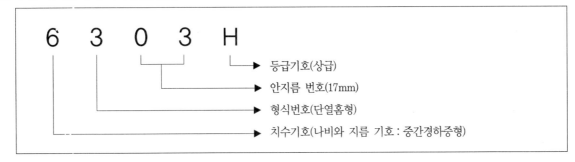

○ 형식번호
- 1 : 목렬자동조심형
- 2, 3 : 복렬자동조심형(큰 나비)
- 6 : 단열 홈형
- 7 : 단열앵귤러컨택트형
- N : 원통롤러형

○ 치수기호
- 0, 1:특별경하중형
- 2 : 경하중형
- 3 : 중간경하중형
- 4 : 중하중형

○ 안지름기호 : 구름 베어링의 내륜 안지름을 표시하는 것으로 안지름 20mm 이상 500mm 미만은 안지름을 5로 나눈 수가 안지름번호이며, 안지름이 10mm 미만인 것은 지름 치수를 그대로 안지름 번호로 쓴다.

  예 안지름번호 16 : 안지름 80mm
- 00 : 안지름 10mm
- 01 : 안지름 12mm
- 02 : 안지름 15mm
- 03 : 안지름 17mm

○ 등급기호
- 무기호 : 보통등급
- H : 상급
- p : 정밀급
- sp : 초정밀급

CHAPTER 04 동력 전달용 기계요소

1 마찰차(Friction wheel)

(1) 마찰차의 개념

① 두 개의 바퀴를 맞붙여 그 사이에 작용하는 마찰력을 이용하여 두 축 사이의 동력을 전달하는 장치를 말한다.

② 마찰차는 주철로 만드나 마찰계수를 크게 하기 위하여 주철 본체에 경질고무, 파이버, 가죽, 목재, 종이 등을 붙여서 사용한다.

(2) 마찰차의 특징

① 운전이 정숙하나 효율성이 떨어진다.

② 전동의 단속이 무리없이 행해진다.

③ 무단 변속하기 쉬운 구조이다.

④ 과부하일 경우 미끄럼에 의하여 다른 부분의 손상을 방지할 수 있다.

⑤ 미끄럼이 생기므로 확실한 속도비와 큰동력은 전달시킬 수 없다.

(3) 마찰차를 사용하는 경우

① 회전속도가 너무 커서 기어를 사용하기 곤란한 경우

② 전달하여야 할 힘이 크지 않은 경우

③ 일정 속도비를 요구하지 않는 경우

④ 무단변속을 하는 경우

⑤ 양 축간을 자주 단속할 필요가 있는 경우

(4) 마찰차의 종류

① **원통마찰차** : 평행한 두 축 사이에서 접촉하여 동력을 전달하는 원통형 바퀴를 말한다.

② **원뿔마찰차** : 서로 교차하는 두 축 사이에 동력을 전달하는 원뿔형 바퀴를 말한다.

③ **변속마찰차** : 변속이 가능한 마찰차를 말한다.

(5) 속도비

회전운동을 전달하는 기구에서의 속도비

$$i = \frac{\text{피동차의 회전속도}(v_2)}{\text{구동차의 회전속도}(v_1)} = \frac{n_2}{n_1} = \frac{D_1}{D_2}$$

[n_1, n_2 : 원도차와 피동차의 회전수(rpm), D_1, D_2 : 원동차와 피동차의 지름(mm)]

(6) 마찰차의 효율

마찰차는 마찰력으로 동력을 전달시키기 위하여 양쪽바퀴를 큰 힘으로 누르는데 이 힘이 베어링에 걸리게 되어 베어링의 마찰손실이 커지므로 전동효율은 좋지 않다.

① **변속 마찰차** : 80% 이하이다.

② **원통 · 원추 마찰차** : 85 ~ 90%이다.

③ **홈 마찰차** : 90%이다.

(7) 마찰차에 의한 무단변속

① 마찰차에 의한 전동방식에서 접촉점의 자리를 바꿈으로써, 속도비를 무단계(연속적)로 변동시키는 것으로 원판 마찰차(크라운 마찰차), 원추 마찰차(에반스 마찰차), 구면 마찰차 등이 이용된다.

② 마찰차에 사용되는 비금속 마찰재료는 상대쪽의 금속면보다 마모하기 쉽고 이것을 보통 원동차의 표면에 라이닝하여 사용하는데, 그 이유는 원동차의 균일한 마모를 위해서이다.

2 기어(Gear)전동장치

(1) 기어의 특징

① 큰 동력을 일정한 속도비로 전달할 수 있다.

② 사용범위가 넓다.

③ 충격에 약하고 소음과 진동이 발생한다.

④ 전동효율이 좋고 감속비가 크다.

⑤ 두 축이 평행하지 않을 때에도 회전을 확실하게 전달한다.

⑥ 내구력이 좋다.

(2) 기어 각부의 명칭

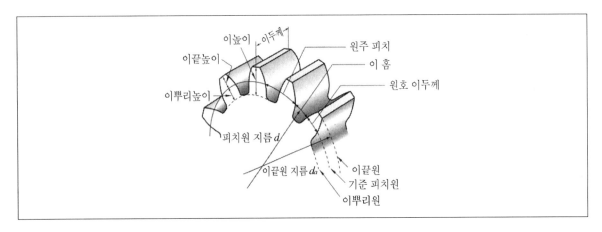

① **피치원**(pitch circle) : 기어의 기본이 되는 가상원으로, 마찰차가 접촉하고 있는 원에 해당하는 것이다.

② **이끝원**(addendum circle) : 이의 끝을 연결하는 원이다.

③ **이뿌리원**(dedendum circle) : 이의 뿌리 부분을 연결하는 원이다.

④ **이끝높이**(addendum) : 피치원에서 이끝원까지의 길이이다.

⑤ **이뿌리높이**(dedendum) : 피치원에서 이 뿌리원까지의 길이이다.

⑥ **이높이**(height of tooth) : 이끝높이와 이뿌리높이를 합한 길이이다.

⑦ **이두께**(tooth thickness) : 피치원에서 측정한 이의 두께이다.

⑧ **밑틈** : 이끝원에서부터 이것과 맞물리고 있는 기어의 이뿌리원까지의 길이이다.

⑨ **뒤틈**(back lash) : 한 쌍의 기어가 서로 물려 있을 때 잇면 사이의 가로방향에 생기는 간격을 말한다.

⑩ **기어와 피니언**(gear and pinion) : 한 쌍의 기어가 서로 물려 있을 때 큰 쪽을 기어라 하고, 작은 쪽을 피니언이라 한다.

⑪ **압력각**(pressure angle) : 한 쌍의 이가 맞물려 있을 때, 접점이 이동하는 궤적을 작용선이라 하는데 이 작용선과 피치원의 공통접선이 이루는 각을 압력각이라 한다. 압력각은 $14.5°$, $20°$로 규정되어 있다.

⑫ **법선피치**(normal pitch) ··· 기초 원의 둘레를 잇수로 나눈 값이다.

(3) 이의 크기

① **원주피치** : 이의 크기를 정의하는 가장 확실한 방법이며, 피치원 둘레를 잇수로 나눈 값으로 이 값이 클수록 이는 커진다.

$$p = \frac{\pi D}{z} = \pi m$$

② **모듈** : 원주피치가 이의 크기를 나타내는 가장 확실한 방법이나, π 때문에 간단한 값이 될 수 없으므로 이 원주 피치를 π로 나누면 간단한 값을 표시할 수 있는데 이렇게 나타낸 값을 모듈이라고 한다.

$$m = \frac{D}{z} = \frac{p}{\pi}$$

③ **지름피치** : 길이의 단위로 인치를 사용하는 나라에서 이의 크기를 지름피치로 표시하며, 원주피치 대신에 $\frac{\pi}{p}$의 값을 표준화한 것으로 피치원 지름 1인치당 잇수로 표시한다. 이 값이 작을수록 이는 커진다.

$$p = \frac{Z}{D} = \frac{\pi}{p}(\text{inch})$$

(4) 치형곡선

① **인벌류트 치형** : 원에 감은 실을 팽팽한 상태를 유지하면서 풀 때 실 끝이 그리는 궤적곡선(인벌류트 곡선)을 이용하여 치형을 설계한 기어이다.

　㉠ 중심거리가 다소 어긋나도 속도비는 변하지 않고 원활한 맞물림이 가능하다.

　㉡ 압력각이 일정하다.

　㉢ 미끄럼률이 변화가 많으며 마모가 불균일하다. (피치점에서 미끄럼률은 0이다.)

　㉣ 절삭공구는 직선(사다리꼴)로서 제작이 쉽고 값이 싸다.

　㉤ 빈 공간은 다소 치수의 오차가 있어도 된다. (전위절삭이 가능하다.)

　㉥ 중심거리는 약간의 오차가 있어도 무방하며 조립이 쉽다.

　㉦ 언더컷이 발생한다.

　㉧ 압력각과 모듈이 모두 같아야 한다.

　㉨ 전동용으로 주로 사용된다.

② **사이클로이드 치형** : 한 원의 안쪽 또는 바깥쪽을 다른 원이 미끄러지지 않고 굴러갈 때 구르는 원 위의 한 점이 그리는 곡선을 치형곡선으로 제작한 기어이다. (사이클로이드는 원을 직선 위에서 굴릴 때 원 위의 한 점이 그리는 곡선이다.)

　㉠ 압력각이 변화한다.

　㉡ 미끄럼률이 일정하고 마모가 균일하다.

　㉢ 절삭공구는 사이클로이드 곡선이어야 하고 구름원에 따라 여러 가지 커터가 필요하다.

　㉣ 빈 공간이라도 치수가 극히 정확해야 하고 전위절삭이 불가능하다.

　㉤ 중심거리가 정확해야 하고 조립이 어렵다.

　㉥ 언더컷이 발생하지 않는다.

　㉦ 원주피치와 구름원이 모두 같아야 한다.

　㉧ 시계, 계기류와 같은 정밀기계에 주로 사용된다.

(5) 간섭과 언더컷

① 간섭 : 인벌류트 기어에서 두 기어의 잇수비가 현저히 크거나 잇수가 작은 경우에 한쪽 기어의 이끝이 상대편 기어의 이뿌리에 닿아서 회전하지 않는 현상을 간섭이라 한다.

> **PLUS** 이의 간섭을 막는 방법
> ㉠ 이의 높이를 줄인다.
> ㉡ 압력각을 20° 이상으로 증가시킨다.
> ㉢ 치형의 이끝면을 깎아낸다.
> ㉣ 피니언의 반지름 방향의 이뿌리면을 파낸다.

② 언더컷 : 이의 간섭이 발생하면 회전을 저지하게 되어 기어의 이뿌리 부분은 커터의 이끝 부분 때문에 파여져 가늘게 되는 현상을 말한다.

> **PLUS** 언더컷을 막는 방법
> ㉠ 한계잇수를 조절한다.
> ㉡ 전위기어로 가공한다.

(6) 기어의 종류

① 두 축이 평행한 경우에 사용되는 기어

㉠ 스퍼 기어 : 이가 축과 나란한 원통형 기어로, 나란한 두 축 사이의 동력 전달에 가장 널리 사용되는 일반적인 기어이다.

㉡ 헬리컬 기어 : 이가 헬리컬 곡선으로 된 원통형 기어로, 스퍼 기어에 비하여 이의 물림이 원활하나 축방향으로 스러스트가 발생하며, 진동과 소음이 적어 큰 하중과 고속 전동에 쓰인다.

㉢ 래크와 피니언 : 래크는 기어의 피치원 지름이 무한대로 큰 경우의 일부분이라고 볼 수 있으며, 피니언의 회전에 대하여 래크는 직선운동을 한다.

㉣ 인터널 기어 : 내접기어라고도 하며, 원통의 안쪽에 이가 있는 기어로서, 이것과 맞물려 회전하는 기어를 외접기어라고 한다. 내접기어는 두 축의 회전방향이 같으며, 높은 속도비가 필요한 경우에 사용된다.

② 두 축이 교차하는 경우에 사용되는 기어

㉠ 베벨 기어 : 원뿔면에 이를 낸 것으로 이가 원뿔의 꼭지점을 향하는 것을 직선 베벨 기어라고 하며, 두 축이 교차하여 전동할 때 주로 사용된다.

㉡ 헬리컬 베벨 기어 : 이가 원뿔면에 헬리컬 곡선으로 된 베벨 기어이며, 큰 하중과 고속의 동력 전달에 사용된다.

ⓒ 마이터 기어 : 잇수가 서로 같은 한 쌍의 원추형 기어로서 직각인 두 축 간에 동력을 전달하는 기
어로 베벨기어의 일종이다.

ⓔ 크라운 기어 : 피치 원뿔각이 90°이고 피치면이 평면으로 되어 있는 베벨 기어이다.

③ 두 축이 평행도 교차도 않는 경우에 사용되는 기어

ⓐ 웜 기어 : 웜과 웜 기어로 이루어진 한 쌍의 기어로서 두 축이 직각을 이루며, 큰 감속비를 얻고
자 하는 경우에 주로 사용된다.

ⓑ 하이포이드 기어 : 헬리컬 베벨 기어와 모양이 비슷하나 두 축이 엇갈리는 경우에 사용되며, 자동
차의 차동 기어장치의 감속기어로 사용된다.

ⓒ 스크루 기어 : 나사기어라고도 하며, 비틀림각이 서로 다른 헬리컬 기어를 엇갈리는 축에 조합시킨 것
이다.

ⓔ 스큐 기어 : 교차하지 않고 또한 평행하지도 않는 교차축 간의 운동을 전달하는 기어이다. (skew
는 비스듬히 움직인다는 의미이다.)

3　감아걸기 전동요소

(1) 체인(Chain)전동

벨트와 기어에 의한 전동을 겸한 것으로 벨트 대신에 체인을 쓰고, 이것을 기어에 해당하는 스프로킷에
물려 동력을 전달하는 장치이다. 정확한 전동을 원하거나 축 간 거리가 다소 멀어서 기어를 사용 할 수
없을 때 사용된다.

① 체인전동의 특징

ⓐ 미끄럼이 없어 일정 속도비를 얻을 수 있다.

ⓑ 유지 및 수리가 쉽다.

ⓒ 큰 동력을 전달할 수 있으며, 마모가 적고 굴곡이 자유로워 효율이 95% 이상이다.

ⓔ 내유, 내열, 내습성이 크다.

ⓜ 충격을 흡수한다.

ⓗ 진동과 소음이 나기 쉬워 고속회전에는 적합하지 않다.

② 체인전동의 종류

ⓐ 롤러 체인 : 자유로이 회전할 수 있는 롤러를 끼워 부싱으로 고정된 롤러 링크와 핀으로 고정된
핀 링크를 서로 연결하여 고리 모양으로 만들어 사용하는 것으로 롤러 체인의 구성요소는 롤러,
핀, 부싱이다.

ⓛ **사일런트 체인** : 체인에 마멸과 물림의 상태가 불량하게 되어 소음이 발생하는 결점을 보완한 것으로 높은 정밀도를 요구하여 공작이 어려우나, 원활하고 조용한 운전과 고속회전을 해야 할 때 사용한다.

ⓒ **코일 체인** : 고속운전에는 적합하지 않으며, 체인블록으로 무거운 물건을 들어 올릴 때 사용된다.

(2) 벨트(Belt)전동

벨트전동은 벨트 풀리에 벨트를 감아 벨트와 벨트 풀리 사이의 마찰이나 물림으로 원동축에서 종동축으로 동력을 전달하는 것이다. 벨트 모양에 따라 평벨트, V 벨트 등으로 나뉜다.

① **평벨트**

ⓖ **평벨트의 특징**
- 두 축간의 거리가 비교적 멀 때 사용한다.
- 단자를 사용하여 자유로운 변속이 가능하다.
- 정확한 속도비가 필요하지 않을 때 사용한다.
- 과부하가 걸리면 미끄러져 다른 부품의 손상을 막을 수 있다.
- 장치가 간단하고 염가이면서 전동효율이 높다(95%까지).
- 수직압력에 의한 마찰력을 이용하여 동력전달을 한다.

ⓛ **평벨트의 종류**
- 가죽 벨트 : 소가죽을 약품처리하여 사용하는 벨트이다.
- 직물 벨트 : 직물을 이음매없이 만든 것으로 가죽보다 인장강도가 큰 장점이 있다.
- 고무 벨트 : 직물 벨트에 고무를 입혀서 만든 벨트로 유연성이 좋고, 풀리에 밀착이 잘 되므로 미끄럼이 적은 장점이 있다.

ⓒ **벨트 걸기**
- 바로 걸기 : 두 개의 벨트풀리의 회전방향이 서로 같다.
- 엇걸기 : 두 개의 벨트풀리의 회전방향이 서로 다르다.

② **V벨트전동** : V벨트를 V홈이 있는 풀리에 걸어서 평행한 두 축 사이에 동력을 전달하고, 회전수를 바꿔주는 장치를 말한다.

ⓖ **V벨트전동의 특징**
- 이음이 없으므로 운전이 정숙하고 충격이 완화된다.
- 벨트가 풀리에서 벗어나는 일이 없어 고속운전이 가능하다.
- 장력이 적어 베어링에 걸리는 부담이 적다.
- 축간거리가 단축되어 설치장소가 절약된다.
- 적은 장력으로 큰 전동을 얻을 수 있다.

ⓒ V벨트전동의 설계시 주의사항 : 길이는 평벨트와 달리 이음부가 없는 고리 모양으로 만들어져 있으므로 반드시 풀리의 위치를 조절할 수 있도록 설계하여야 하며, 전달 동력을 크게 하기 위해서는 여러 줄의 벨트를 사용한다.

③ **전동벨트** : 치형벨트라고도 하며, 이가 만들어져 있는 벨트와 풀리가 서로 맞물려서 전동하기 때문에 미끄러짐이 없고, 고속전동에 적합하며, 초기 장력이 적어도 되는 등의 장점이 있어 일반 산업용 기계뿐 아니라, 자동차, 사무용 기기, 의료용 기계, 가정용 전기 기기 등 각 분야에서 다양하게 사용된다.

(3) 로프(Rope)전동

섬유 또는 와이어 등으로 만든 로프를 두 개의 바퀴에 감아 이들 사이의 마찰력을 동력을 전달하는 장치로 윈치, 크레인, 엘리베이터 등의 동력전달장치로 쓰인다.

① 로프전동의 특징
　　ㄱ 벨트전동에 비해 큰 동력을 전달하는 데 유리하며 장거리 동력전달이 가능하다.
　　ㄴ 미끄럼이 적고, 고속운전에 적합하며 전동 경로가 직선으로 아닌 경우에도 사용이 가능하다.
　　ㄷ 로프의 재료로는 강선, 면, 마 등을 사용할 수 있다.
　　ㄹ 정확한 속도비의 전동이 불확실하다.
　　ㅁ 벨트와 달리 감아 걸고 벗겨낼 수 없으며 조정과 수리가 곤란하다.
　　ㅂ 수명이 짧고 이음에 기술이 필요하며, 미끄럼도 많아 전동효율도 떨어진다.

② 로프의 꼬임방법
　　ㄱ **보통 꼬임** : 스트랜드의 꼬임방향과 소선의 꼬임방향이 반대인 것을 말한다.
　　ㄴ **랑그 꼬임** : 스트랜드의 꼬임방향과 소선의 꼬임방향이 같은 것을 말한다.

4 링크장치

(1) 링크장치의 개념

① 연결점을 회전할 수 있도록 만든 기소의 조합에 의해 운동을 전달하는 기구를 말한다.

② 그 구성 요소인 기소를 링크라고 한다.

(2) 레버 크랭크 기구

4개의 링크를 연결한 것으로서 발재봉틀에서 발판 연결 막대와 크랭크의 조합은 이 기구를 응용한 것이다.

① A : 크랭크라 하며 회전운동을 하는 링크이다.

② B : 커넥팅 로드라 한다.

③ C : 레버로 흔들이 운동을 하는 링크이다.

(3) 왕복 슬라이더 크랭크 기구

① 레버 크랭크 기구의 일종으로 내연기관의 피스톤, 커넥팅로드, 크랭크축 등에 사용된다.

② 이 기구를 사용하면 크랭크 A를 회전시킴으로써 슬라이더 C를 왕복시킬 수 있으며, 반대로 슬라이더 C를 왕복시킴으로써 크랭크 A를 회전시킬 수도 있다.

③ 크랭크 A를 구동절로 한 것에는 펌프, 공기 압축기 등이 있으며, 슬라이더 C를 구동절로 한 것에는 증기기관, 내연기관 등이 있다.

(1) 개념

특수한 모양을 가진 구동절에 회전운동 또는 직선운동을 주어서 이것과 짝을 이루고 있는 피동절이 복잡한 왕복 직선운동이나 왕복 각운동 등을 하게 하는 기구를 말한다. 구조가 간단하나 복잡한 운동을 쉽게 실현할 수 있어 내연기관의 밸브 개폐기구나 공작기계, 인쇄기계, 자동기계 등의 운동 변환 기구에 사용된다.

(2) 캠의 구성

캠은 아래와 같이 회전운동을 직선운동(상하운동)으로 바꾸어지는 역할을 한다.

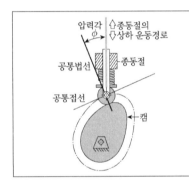

캠의 압력각

㉠ 캠과 종동절의 공통법선이 종동절의 운동경로와 이루는 각이다.
㉡ 압력각은 작을수록 좋으며 30도를 넘지 않도록 해야 한다.
㉢ 압력각을 줄이기 위해서는 기초원의 직경을 증가시키거나 종동절의 상승량을 감소시켜야 한다.

(3) 캠의 분류

① 접점의 자취에 따른 분류 : 평면 캠, 입체 캠으로 분류된다.

② 피동절 운동의 구속성 여부에 따른 분류

　㉠ 소극 캠 : 중력 또는 스프링의 힘 등에 의하여 피동절을 구동절에 접촉시켜 운동을 하게 하는 캠을 말한다.

　㉡ 확동 캠 : 자체 캠 기구의 구조에 의하여 피동절을 구동절에 확실하게 접촉시켜 운동을 하게하는 캠을 말한다.

(4) 캠의 종류

① **평면 캠**

    ㉠ **정면 캠** : 판의 정면에 캠의 윤곽곡선의 홈이 있고, 이 홈에 피동절의 롤러를 끼워서 운동하도록 한 형식의 캠으로 운동전달이 확실한 캠이다.

    ㉡ **판캠** : 특수한 윤곽곡선을 가진 판을 회전시켜서 그 윤곽에 접하고 있는 피동절에 필요한 왕복, 직선운동 또는 요동운동을 하게 하는 캠이다.

    ㉢ **반대 캠** : 피동절이 캠으로 되어 있는 캠을 말한다.

    ㉣ **요크 캠** : 종동절이 틀 모양으로 되어 있는 캠으로, 영사기의 필름 이송장치 등으로 이용되는 캠을 말한다.

② **입체 캠** : 원통 및 구 등의 회전체의 곡면에 홈을 만들어 이 홈에 종동절의 롤러 또는 핀을 끼워 일정한 운동을 전달하는 캠을 말한다.

CHAPTER 05
완충 및 제동용 기계요소

1 완충용 기계요소

(1) 완충용 기계요소의 필요성

산업용 기계나 공작기계에서 발생되는 진동은 기계 자체의 성능에 영향을 끼칠 뿐만 아니라 제품의 품질도 저하시킨다. 또한 소음의 원인이 되어 작업자 및 작업환경에 영향을 주어 작업능률을 떨어뜨린다. 따라서 각종 기계에는 완충 및 방진 장치를 설치하여 기계 자체의 진동을 감소시키고 다른 기계로부터 진동을 차단시켜야 한다.

(2) 완충용 기계요소의 이용

스프링은 기계가 받는 충격과 진동을 완화하고 운동이나 압력을 억제하며 에너지의 축적 및 힘의 측정에 사용된다.

(3) 스프링의 개요

① 스프링의 사용목적
  ㉠ 하중과 변형의 관계를 이용한 것
    예 스프링, 저울, 안전 밸브 등
  ㉡ 에너지를 축척하고 이것을 서서히 동력으로 전달하는 것
    예 시계의 태엽 등
  ㉢ 스프링의 복원력을 이용한 것
    예 스프링 와셔, 밸브 스프링 등
  ㉣ 진동이나 충격을 완화시키는 것
    예 자동차의 현가 스프링, 기계의 방진 스프링 등

② 스프링의 재료

　㉠ 탄성한도와 피로한도가 높으며 충격에 잘 견디는 스프링강과 피아노선이 일반적으로 사용된다.

　㉡ 부식의 우려가 있는 것에는 스테인리스강, 구리 합금을 사용한다.

　㉢ 고온인 곳에 사용되는 것은 고속도강, 합금 공구강, 스테인리스강을 사용한다.

　㉣ 그 외에 고무, 합성수지, 유체 등을 사용한다.

(4) 스프링의 분류

① **하중에 의한 분류** : 인장 스프링, 압축 스프링, 토션 바 스프링

② **형상에 의한 분류** : 코일 스프링, 판 스프링, 벨류트 스프링, 스파이럴 스프링

③ **스프링의 종류**

　㉠ **코일 스프링** : 단면이 둥글거나 각이 진 봉재를 코일형으로 감은 것을 말하며, 스프링의 강도는 단위 길이를 늘이거나 압축시키는 데 필요한 힘으로 표시하는데 이것을 스프링상수라 하고, 이 스프링상수가 클수록 강한 스프링이다.

　㉡ **판 스프링** : 길고 얇은 판으로 하중을 지지하도록 한 것으로 판을 여러 장 겹친 것을 겹판 스프링이라 하며, 이 판 스프링은 에너지 흡수능력이 좋고, 스프링 작용 외에 구조용 부재로서의 기능을 겸하고 있어 자동차 현가용으로 주로 사용된다.

　㉢ **토션 바** : 비틀림 하중을 받을 수 있도록 만들어진 막대 모양의 스프링을 말하며, 가벼우면서 큰 비틀림 에너지를 축척할 수 있어 자동차 등에 주로 사용된다.

　㉣ **공기 스프링** : 공기의 탄성을 이용한 것으로 스프링상수를 작게 설계하는 것이 가능하고, 공기압을 이용하여 스프링의 길이를 조정하는 것이 가능하다. 이 스프링은 내구성이 좋고, 공기가 출입할 때의 저항에 의해 충격을 흡수하는 능력이 우수하여 차량용으로 많이 쓰이고, 프레스 작업에서 소재를 누르는 데 사용하기도 하며, 기계의 진동방지에도 사용된다.

(5) 스프링의 설계

① 스프링상수(k) : $k = \dfrac{하중}{변위량} = \dfrac{W}{\delta}$

② 스프링상수의 계산

    ㉠ 스프링을 일렬로 연결하였을 경우의 스프링상수의 계산 : $k = k_1 + k_2 + k_3 + \ldots$

    ㉡ 스프링을 병렬로 연결하였을 경우의 스프링상수의 계산 : $k = \dfrac{1}{k_1} + \dfrac{1}{k_2} + \dfrac{1}{k_3} + \ldots$

(6) 완충장치

① 링 스프링 완충장치 : 하중의 변화에 따라 안팎에서 스프링이 접촉하여 생기는 마찰로 에너지를 흡수하도록 한 것이다.

② 고무 완충기 : 고무가 압축되어 변형될 때 에너지를 흡수하도록 한 것이다.

③ 유압 댐퍼 : 쇼크 업소버라고 하기도 하는 이 완충장치는 축방향에 하중이 작용하면 피스톤이 이동하여 작은 구멍인 오리피스로 기름이 유출되면서 진동을 감소시키는 것으로 자동차 차체에 전달되는 진동을 감소시켜 승차감을 좋게 해준다.

2 제동용 기계요소

(1) 제동용 기계요소의 개요

① 제동용 기계요소는 브레이크를 말하는 것으로 기계의 운동속도를 감속시키거나 그 운동을 정지시키기 위하여 사용하는 것이다.

② 제동부의 조작에는 인력, 증기력, 압축공기, 유압, 전자력 등을 이용한다.

(2) 브레이크의 종류

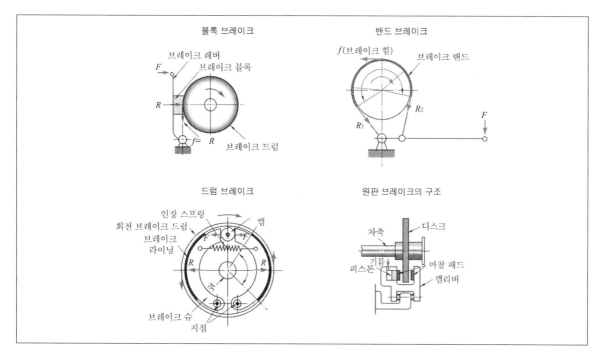

① **블록 브레이크** : 회전축에 고정시킨 브레이크 드럼에 브레이크 블록을 눌러 그 마찰력으로 제동하는 브레이크이다.

② **밴드 브레이크** : 브레이크 드럼 주위에 강철밴드를 감아 장력을 주어 밴드와 드럼의 마찰력으로 제동하는 브레이크이다.

③ **드럼 브레이크** : 내측 브레이크라고도 하며, 회전하는 드럼의 안쪽에 있는 브레이크 슈를 캠이나 실린더를 이용하여 브레이크 드럼에 밀어붙여 제동하는 브레이크로 자동차의 앞바퀴 브레이크로 사용된다.

④ **원판(디스크) 브레이크** : 축과 일체로 회전하는 원판의 한 면 또는 양 면을 유압 피스톤 등에 의해 작동되는 마찰패드로 눌러서 제동시키는 브레이크로 방열성, 제동력이 좋고, 성능도 안정적이기 때문에 항공기, 고속열차 등 고속차량에 사용되고, 일반 승용차나 오토바이 등에도 널리 사용된다.

(3) 브레이크의 용량

① **제동력** : $p = \dfrac{W}{A} = \dfrac{W}{eb}(\mathrm{kgf/mm^2})$

② **브레이크 용량** : $W_f = \dfrac{\mu W_v}{A} = \mu p v \,(\mathrm{kgf/mm^2 \cdot m/s})$

관에 관한 기계요소

1 관 이음

(1) 관의 이용

① 관(pipe)은 주로 물, 기름, 증기, 가스 등의 유체를 수송하는 데 쓰인다.

② 관을 연결하거나 방향을 바꾸려면 관 이음쇠가 필요하다.

③ 유체의 흐름을 조절하거나 정지시키기 위해서는 밸브나 콕이 필요하다.

(2) 관의 종류

① 재질에 따른 분류

    ㉠ 강관 : 주로 탄소강을 사용하며, 이음매가 없는 것은 압축 공기 및 증기의 압력 배관용으로 사용하고, 이음매가 있는 것은 주로 구조용 강관으로 사용한다.

    ㉡ 주철관 : 강관에 비하여 내식성과 내구성이 우수하고 가격이 저렴하여 수도관, 가스관, 배수관 등에 사용된다.

    ㉢ 비철금속관 : 구리관, 황동관을 주로 사용한다.

    ㉣ 비금속관 : 고무관, 플라스틱관, 콘크리트관 등이 있다.

② 특성에 따른 분류

    ㉠ 주관로 : 흡입관로, 압력관로, 배기관로를 포함하는 주가 되는 관로

    ㉡ 파일럿관로 : 파일럿 방식에서 작동시키기 위한 작동유를 유도하는 관로

    ㉢ 플렉시블관로 : 고무호스와 같이 유연성이 있는 관로

    ㉣ 바이패스관로 : 필요에 따라서 작동유체의 전량 또는 그 일부를 갈라져 나가게 하는 통로

PLUS 이외에도 배관은 여러 가지 종류가 있다.

PLUS 이음매가 없는 관의 제조법
ㄱ 만네스만 압연 천공법 : 저탄소강의 원형단면 빌렛을 가열천공한다.
ㄴ 에르하르트 천공법 : 사각의 강판을 가열한 후 둥근 형에 넣고 회전축으로 압축한다.
ㄷ 압출법 : 소재를 압출 컨테이너에 넣고 램을 강력한 힘으로 이동시켜 한쪽에 설치한 다이로 소재를 빼내는 가공 방식이다.

(3) 관 이음

① **나사식 관 이음** : 각종 배관공사에 이용되는 이음쇠로, 관 끝에 관용나사를 절삭하고 적당한 이음쇠를 사용하여 결합하는 것으로 누설을 방지하기 위하여 콤파운드나 테이플론 테이프를 감는다. 재료로는 가단주철, 주강, 스테인리스강, 구리 합금 및 PVC 등이 사용된다.

[나사식 관 이음쇠의 종류]

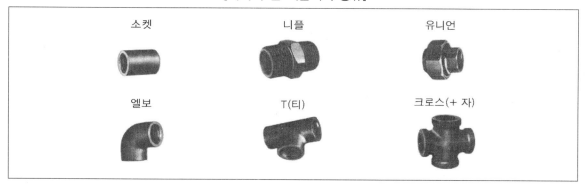

② **플랜지 이음** : 관 끝에 플랜지를 만들어 관을 결합하는 것으로, 관의 지름이 크거나 유체의 압력이 큰 경우에 사용되며, 분해 및 조립이 용이하다.

[플랜지 이음의 종류]

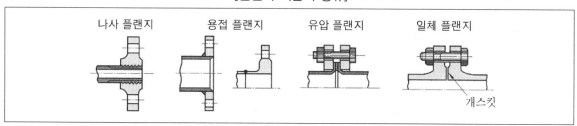

③ 신축형 관 이음
   ㉠ 고온에서 온도차에 의한 열팽창, 진동 등에 어느 정도 견딜 수 있는 것으로, 관의 중간에 신축형 관 이음을 한다.
   ㉡ 진동원과 배관과의 완충이 필요할 때나 온도의 변화가 심한 고온인 곳에 사용된다.

[신축형 관 이음의 종류]

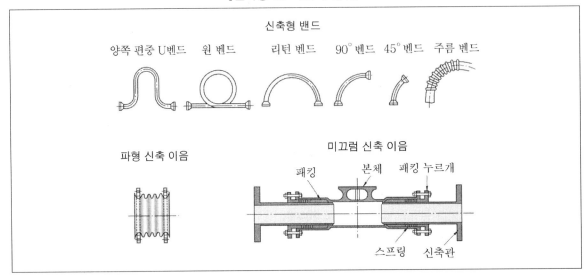

(4) 관의 기능

① 열을 교환한다.
   예 냉동기

② 진공을 유지한다.
   예 진공펌프의 접속관

③ 압력을 전달한다.
   예 압력계의 접속관

④ 유체 및 고체를 수송한다.

⑤ 물체를 보호한다.
  예 배전선을 보호하는 전선관

⑥ 보강재로 사용된다.
  예 자전거 프레임, 탑의 기둥

2 밸브와 콕

(1) 밸브

유체의 유량과 흐름의 조절, 방향 전환, 압력의 조절 등에 사용된다.

① 밸브의 재료
  ㉠ 소형으로 온도와 압력이 그리 높지 않을 경우에는 청동을 사용한다.
  ㉡ 고온, 고압일 경우에는 강을 사용한다.
  ㉢ 대형일 경우에는 온도와 압력에 따라 청동, 주철, 합금강을 사용한다.

② 밸브의 종류
  ㉠ 정지 밸브 : 나사를 상하로 움직여서 유체의 흐름을 개폐하는 밸브이다. 밸브 디스크가 밸브대에 의하여 밸브시트에 직각방향으로 작동하며 글로브밸브, 슬루스밸브, 앵글밸브, 니들밸브, 게이트 밸브 등이 있다. 유체흐름에 대한 저항손실이 크며, 흐름이 미치지 못하는 곳에 찌꺼기가 모이는 결점이 있으나 양정이 적어 밸브의 개폐가 빠르고 밸브와 시트의 접촉이 용이하며, 또한 밸브판과 밸브시트의 가공·교환·수리 등이 용이하고 값이 싸다.
  • 글로브 밸브 : 모양의 밸브몸통을 가지며 입구와 출구의 중심선이 같은 일직선상에 있으며 유체의 흐름이 S자 모양으로 되는 밸브이다. 유체의 입구와 출구가 일직선이며, 유체의 흐름을 180° 전환할 수 있다.
  • 슬루스 밸브 : 밸브가 파이프 축에 직각으로 개폐되는 것으로, 압력이 높고 고속으로 유량이 많이 흐를 때 사용되는 밸브로서 발전소 도입관, 상수도 주관 등 지름이 크고 밸브를 자주 개폐해야 할 필요가 없는 경우에 사용된다. 밸브 본체가 흐름에 직각으로 놓여 있어 밸브 시트에 대해 미끄럼 운동을 하면서 개폐하는 형식의 밸브이다.

- 앵글 밸브 : 유체의 입구와 출구가 직각으로 유체의 흐름을 90°전환할 수 있다.
- 니들 밸브 : 유량을 작게 줄이며, 작은 힘으로도 정확하게 유체의 흐름을 차단할 수 있다.
- 게이트밸브 : 배관 도중에 설치하여 유로의 차단에 사용한다. 변체가 흐르는 방향에 대하여 직각으로 이동하여 유로를 개폐한다. 부분적으로 개폐되는 경우 유체의 흐름에 와류가 발생하여 내부에 먼지가 쌓이기 쉽다.

ⓒ 압력 및 유량 제어밸브
- 릴리프밸브 : 유체압력이 설정값을 초과할 경우 배기시켜 회로내의 유체 압력을 설정값 이하로 일정하게 유지시키는 밸브이다. (Cracking pressure : 릴리프 밸브가 열리는 순간의 압력으로 이때부터 배출구를 통하여 오일이 흐르기 시작한다.)
- 감압밸브 : 고압의 압축 유체를 감압시켜 사용조건이 변동되어도 설정 공급압력을 일정하게 유지시킨다.
- 시퀀스밸브 : 순차적으로 작동할 때 작동순서를 회로의 압력에 의해 제어하는 밸브이다.
- 가운터밸런스밸브 : 부하가 급격히 제거되있을 때 그 자중이나 관성력 때문에 소정의 세어를 못하게 되거나 램의 자유낙하를 방지하거나 귀환유의 유량에 관계없이 일정한 배압을 걸어준다.
- 무부하밸브 : 작동압이 규정압력 이상으로 달했을 때 무부하 운전을 하여 배출하고 이하가 되면 밸브를 닫고 다시 작동하게 된다. 열화 방지 및 동력절감 효과를 갖게 된다.
- 전자밸브 : 솔레노이드 밸브라고도 하며, 온도 조절기나 압력 조절기 등에 의해 신호를 전류받는다. 전자 코일의 전자력을 사용해 자동적으로 밸브를 개폐시키는 것으로서 증기용, 물용, 냉매용 등이 있으며 용도에 따라서 구조가 다르다. 또 밸브의 동작에 따라 자동식과 파일럿식이 있는데, 후자는 니들밸브 외에 유체압을 이용하여 서보 피스톤을 작동시키게 한 것으로서, 유량이 큰 경우에 사용된다.
- 언로더밸브 : 기체가 압축되지 않도록 압축기의 부하를 경감하는 장치를 말한다. 일정한 조건 하에서 펌프를 무부하시키기 위해 사용하는 밸브로, 계통의 압력이 규정값에 이르면 펌프를 무부하로 유지하며, 계통의 압력이 규정값까지 저하되면 다시 계통에 압력 유체를 공급하는 압력 제어 밸브이다.
- 교축(throttling) 밸브 : 통로의 단면적을 바꿔 교축 작용으로 감압과 유량 조절을 하는 밸브를 말한다. (교축작용은 말 그대로 직경이 일정한 배관을 어느 일정한 부위에서 직경을 줄여드는 것이다.)

ⓒ 그 밖의 밸브
- 체크 밸브 : 유체를 한 방향으로 흐르게 하기 위한 역류방지용 밸브로 리프트 체크밸브, 스윙 체크밸브 등이 있다. 대부분 외력을 사용하지 않고 유체 자체의 압력으로 조작되는 밸브이다.

- 버터플라이 밸브 : 일명 나비형 밸브라고도 하며 밸브의 몸통 안에서 밸브대를 축으로 하여 원판 모양의 밸브 디스크가 회전하면서 관을 개폐하여 관로의 열림각도가 변화하여 유량이 조절된다.
- 이스케이프밸브 : 관내의 유압이 규정 이상이 되면 자동적으로 작동하여 유체를 밖으로 흘리기도 하고 원래대로 되돌리기도 하는 밸브이다.
- 서보 밸브 : 입력 신호에 따라 유체의 유량과 압력을 제어하는 밸브로 토크 모터, 유압 증폭부, 안내 밸브동으로 구성된다.
- 셔틀 밸브 : 2개의 입구와 1개의 공통 출구를 가지고 출구는 입구 압력의 작용에 의하여 한 쪽 방향에 자동적으로 접속되는 밸브이다.
- 감속 밸브 : 유압 모터나 유압 실린더의 속도를 가속 또는 감속시킬 떼 사용하는 밸브이다.
- 포핏 밸브 : 밸브 몸체가 밸브 시트면에 직각방향으로 이동하는 형식의 밸브이다.

(2) 콕

① 원통 또는 원뿔 플러그를 90° 회전시켜서 유체의 흐름을 차단하는 것이다.

② 개폐조작이 간단하나 기밀성이 떨어져 저압, 소유량용으로 적합하다.

PART

03

실전 모의고사

제1회 실전 모의고사

1 다음 중 성능에 관한 용어의 정의로 잘못 설명한 것은?

① 엔진이 단위 출력을 발생하기 위해서 단위 시간당 소비하는 연료의 양을 연료 소비율이라 한다.

② 총감속비는 엔진의 회전속도와 구동바퀴의 회전속도와의 비를 말하며, 변속기의 변속비와 종감속기의 감속비를 곱하여 구한다.

③ 최소 회전반경은 선회할 때 안쪽 앞바퀴자국의 중심선을 따라 측정하여 12미터를 초과하여서는 아니된다.

④ 등판능력은 자동차가 최대 적재 상태에서 변속 1단으로 언덕을 올라갈 수 있는 능력을 말하며 등판할 수 있는 최대 경사각도로 표시한다.

2 가솔린 자동차의 공연비가 농후할 때의 영향으로 잘못 설명한 것은?

① 엔진의 출력이 저하된다.

② 일산화탄소(CO)가 증가한다.

③ 탄화수소(HC)가 증가한다.

④ 질소화합물($N_O X$)이 증가한다.

3 다음 중 피스톤 링 이음 간극으로 인하여 기관에 미치는 영향과 관계가 없는 것은?

① 간극이 작으면 소결의 원인이 발생

② 간극이 크면 압축가스의 누설이 발생

③ 간극이 크면 측압이 발생

④ 간극이 크면 연소실에 오일 유입의 원인이 발생

4 윤활유의 윤활작용 외 다양하고 중요한 역할이 아닌 것은?

① 냉각작용

② 밀봉작용

③ 방수작용

④ 청정작용

5 다음 중 디젤 노크 방지책으로 옳은 것은?

① 착화 지연을 길게 한다.

② 분사 개시 때 분사량을 많게 한다.

③ 와류 발생을 적게 한다.

④ 압축비를 크게 한다.

6 전자제어 디젤기관(CRDI)에서 연료압력은 듀티 제어에 의해 최종적으로 레일 압력이 형성된다. 출구제어 방식의 경우 연료압력 조절밸브를 어느 위치에 설치하는가?

① 저압펌프와 고압펌프 사이
② 커먼레일 파이프 출구
③ 고압펌프와 커먼레일 사이
④ 연료필터와 고압펌프 사이

7 디스크형 제동장치의 특징이 아닌 것은?

① 자기 배력 작용이 일어나 제동력이 우수하다.
② 디스크가 대기 중에 노출되어 방열성이 우수하다.
③ 패드마모가 드럼식보다 빠르다.
④ 좌우 바퀴 제동력이 안정되어 편제동 현상이 적다.

8 축전지가 충전은 되지만 즉시 방전되는 원인이 아닌 것은?

① 축전지 내부에 침전물이 과대하게 축적
② 축전지가 방전 종지 전압이 된 상태에서 충전
③ 축전지 내부 격리판의 파손으로 극판이 단락
④ 과방전으로 음극판이 휘었다.

9 친환경 자동차에 적용하는 배터리 중 자기방전이 없고 에너지 밀도가 높으며, 전해질이 겔 타입이고 내 진동성이 우수한 방식은?

① 리튬이온 폴리머 배터리(Li-Pb Battery)

② 니켈수소 배터리(Ni-MH Battery)

③ 니켈카드뮴 배터리(Ni-Cd Battery)

④ 리튬이온 배터리(Li-ion Battery)

10 수소연료 자동차에 대한 설명으로 틀린 것은?

① 수소는 물을 원료로 제조하며, 사용한 후에는 다시 물로 재순환되는 무한 에너지원이다.

② 수소를 저장하는 방법에는 액체수소 저장탱크와 금속수소 화합물을 이용한 수소흡장 합금 저장탱크 등이 사용된다.

③ 액체수소를 사용하는 경우 수소를 액화시키는 방법과 저장이 매우 쉽다.

④ 수소를 연소시키면 약간의 질소산화물만 발생시키고 다른 유해가스는 발생하지 않는다.

11 안전계수(factor of safety)에 대한 설명으로 옳지 않은 것은?

① 재료의 기준강도와 허용응력의 비를 나타낸다.

② 가해지는 하중과 응력의 종류 및 성질을 고려한다.

③ 정확한 응력 계산이 요구된다.

④ 수명은 고려하지 않는다.

12 금속재료는 반복하중을 받으면 정적하중을 받는 경우보다 낮은 하중으로 파괴된다. 하지만 반복하중에 의해 발생되는 반복응력이 어느 한도 이하일 경우에는 피로에 의한 파괴는 일어나지 않는다. 이 경우 측정된 편진응력의 최대값이 의미하는 것은?

① 극한강도　　　　　　　　　② 피로한도

③ 탄성한도　　　　　　　　　④ 크리이프한도

13 두 개의 물체 사이를 일정하게 유지시키면서 체결하는데 사용하는 볼트는?

① 아이 볼트　　　　　　　　　② 스테이 볼트

③ 나비 볼트　　　　　　　　　④ 기초 볼트

14 키와 보스가 결합할 때 자동적으로 자리조정이 되는 장점을 가진 키는?

① 반달 키　　　　　　　　　② 세트 키

③ 둥근 키　　　　　　　　　④ 묻힘 키

15 리벳 이음에서 코킹이나 플러링을 하는 이유로 옳은 것은?

① 강도를 강하게 하기 위해서이다.

② 연성을 크게 하기 위해서이다.

③ 기밀을 좋게 하기 위해서이다.

④ 부식에 유리한 효과를 얻기 위해서이다.

16 다음 중 겹치기 용접 이음과 T형 용접 이음에서 생기는 용접 이음은?

① 그루브 용접   ② 필렛 용접

③ 플러그 용접   ④ 비드 용접

17 ㉠, ㉡에 들어갈 축 이음으로 적절한 것은?

> 두 축의 중심선을 일치시키기 어렵거나, 진동이 발생되기 쉬운 경우에는 ㉠을 사용하여 축을 연결하고, 두 축이 만나는 각이 수시로 변화하는 경우에는 ㉡이(가) 사용된다.

	㉠	㉡
①	플랜지 커플링	유니버설 조인트
②	플렉시블 커플링	유니버설 조인트
③	플랜지 커플링	유체 커플링
④	플렉시블 커플링	유체 커플링

18 벨트 전동의 한 종류로 벨트와 풀리(pulley)에 이(tooth)를 붙여서 이들의 접촉에 의하여 구동되는 전동 장치의 일반적인 특징으로 옳지 않은 것은?

① 효과적인 윤활이 필수적으로 요구된다.

② 미끄럼이 대체로 발생하지 않는다.

③ 정확한 회전비를 얻을 수 있다.

④ 초기 장력이 작으므로 베어링에 작용하는 하중을 작게 할 수 있다.

19 축압 브레이크의 일종으로, 회전축 방향에 힘을 가하여 회전을 제동하는 제동 장치는?

① 드럼 브레이크   ② 밴드 브레이크

③ 블록 브레이크   ④ 원판 브레이크

20 유압회로에서 사용되는 릴리프 밸브에 대한 설명으로 가장 적절한 것은?

① 유압회로의 압력을 제어한다.   ② 유압회로의 흐름의 방향을 제어한다.

③ 유압회로의 유량을 제어한다.   ④ 유압회로의 온도를 제어한다.

21 다음 중 기아의 경영전략 Plans S에 해당하지 않는 단어는 무엇인가?

① Planet

② People

③ Promotion

④ Profit

22 기아의 전기차 공유서비스로 EV 차량과 관련한 솔루션 및 기아의 고객 대상에게 제공하는 모빌리티 서비스를 무엇이라고 하는가?

① 위블 비즈

② 기아플렉스

③ 오토큐

④ 마이기아

23 재활용할 수 있는 소재를 이용해 디자인이나 활용도를 더하여 전혀 다른 제품으로 생산하여 가치를 높이는 일은?

① 제로웨이스트

② 플로깅

③ 뉴사이클링

④ 업사이클링

24 세계 3대 운하로 옳지 않은 것은?

① 수에즈 운하

② 파나마 운하

③ 코린토스 운하

④ 베니스 운하

25 갑작스러운 날씨 변화로 인해 사회·경제적 피해가 발생하는 현상은?

① 웨더 트랜스

② 웨더 쇼크

③ 웨더 스타

④ 웨더 스트립

26 프로이트의 정신분석이론 중 사회적인 틀에서 습득되는 것으로, 개인의 본능적인 충동의 발현에 대해 양심으로서 제지적인 작용을 한다고 규정하고 있는 개념은?

① 이드
② 에고
③ 슈퍼에고
④ 리비도

27 나쁜 일의 근원을 완전히 없애고 다시는 그런 일이 생기지 않도록 한다는 의미의 사자성어로 옳은 것은?

① 발본색원(拔本塞源)
② 권불십년(權不十年)
③ 전전반측(輾轉反側)
④ 방약무인(傍若無人)

28 우리나라 최초의 순 한글신문은?

① 제국신문
② 한성순보
③ 황성신문
④ 독립신문

29

The usual way of coping with taboo words and notions is to develop euphemisms and circumlocutions. Hundreds of words and phrases have emerged to express basic biological functions, and talk about _____ has its own linguistics world. English examples include "to pass on," "to snuff the candle," and "to go aloft."

① death
② defeat
③ anxiety
④ frustration

30

A _____ gene is one that produces a particular characteristic regardless of whether a person has only one of these genes from one parent, or two of them.

① recessive
② dominant
③ proficient
④ turbulent

제2회 실전 모의고사

1 윤거(윤간거리)의 의미는?

① 자동차의 바퀴 대각선 길이

② 앞뒤차축의 중심에서 중심까지의 수평거리

③ 자동차의 너비(아웃사이드 미러는 제외)

④ 좌우 타이어의 접촉면의 중심에서 중심까지의 거리

2 가솔린 엔진에서 노킹이 일어나는 현상의 원인이 아닌 것은?

① 부하가 높을 때

② 점화시기가 느릴 때

③ 압축비가 높을 때

④ 혼합비가 맞지 않을 때

3 2행정 사이클 기관과 4행정 사이클 기관의 특징이 아닌 것은?

① 2행정 사이클은 4행정 사이클에 비해 토크가 크므로 고속 기관에 적합하다.

② 2행정 사이클 기관은 밸브 기구 등의 구조가 덜 복잡하고 이로 인해 보다 경제적이다.

③ 2행정 사이클 기관은 주로 대형 유조선이나 대형 컨테이너선에 사용된다.

④ 4행정 사이클 기관은 기동이 쉽고, 행정이 확실하다.

4 LP가스를 사용하는 자동차에서 차량전복으로 인하여 파이프가 손상시 용기 내 LP가스 연료를 차단하기 위한 역할을 하는 것은?

① 영구자석

② 과류방지밸브

③ 체크밸브

④ 감압밸브

5 디젤 기관에서 노킹이 발생하지 않는 범위 내에서 압축비를 올리면 나타나는 현상은?

① 출력이 증가하고, 연료소비율이 적다.

② 연료비가 많다.

③ 질소산화물과 탄화수소의 발생농도가 낮다.

④ 후기 연소기간이 길어져 열효율이 저하되고, 배기의 온도가 상승한다.

6 조향 핸들이 쏠리는 원인이 아닌 것은?

① 타이어 공기압력 불균일

② 쇽업소버 작동 상태 불량

③ 조향 기어박스 오일 부족

④ 허브 베어링 마멸 과다

7 전륜(FF) 구동차의 종감속 장치로 연결된 구동차축에 설치되어 바퀴에 동력을 전달하는 것은?

① 플렉시블 자재이음

② 십자형 자재이음

③ 십자형 슬립이음

④ CV형 자재이음

8 축전지 전해액 비중의 변화는 온도에 따라 어떻게 변하는가?

① 온도가 올라가면 비중도 올라간다.

② 온도와 상관없이 비중은 일정하다.

③ 온도가 올라가면 비중은 내려간다.

④ 일정온도 이상에서 비중이 올라간다.

9 친환경 전기자동차의 구동 모터 작동을 위한 전기 에너지를 공급 또는 저장하는 기능을 하는 것은?

① 보조 배터리

② 변속기 제어기

③ 고전압 배터리

④ 엔진 제어기

10 연료전지 자동차의 구성품이 아닌 것은?

① 전동기와 전동기 제어기구

② 분사펌프

③ 열 교환기

④ 연료 공급 장치

11 다음 중 나머지 셋과 성격이 다른 것은?

① 변동 하중   ② 교번 하중

③ 이동 하중   ④ 집중 하중

12 어떤 부품에 힘이 가해졌을 때 균일한 단면형상을 갖는 부분보다 키 홈, 구멍, 단(step), 또는 노치 (notch) 등과 같이 단면형상이 급격히 변화하는 부분에서 쉽게 파손되는 이유를 가장 잘 설명하는 것은?

① 응력집중   ② 좌굴현상

③ 피로파괴   ④ 잔류응력

13 산의 각도가 30°이고 모래 등의 이물질이 들어가도 지장이 없는 경우 사용하는 나사는?

① 둥근 나사   ② 미터 나사

③ 사다리꼴 나사   ④ 톱니 나사

14 새들 키의 특징에 대한 설명으로 옳은 것은?

① 큰 동력을 전달할 수 있다.

② 축의 강도를 감소시키지 않는다.

③ 축이 편심되지 않아 정속회전이 가능하다.

④ 축의 회전방향이 교대로 변화하는 곳에 사용할 수 있다.

15 리벳 이음에서 기밀유지를 위해 리벳의 주위에 판재를 치는 것을 무엇이라 하는가?

① 플러링과 코킹   ② 스냅링

③ 커플링   ④ 리벳팅

16 용접 이음을 하게 되면 잔류 응력이 남게 되어 취약 파괴가 일어나기 쉽다. 이를 방지하는 방법으로 적당한 것은?

① 담금질을 한다.　　　　　　　② 뜨음을 한다.
③ 풀림을 한다.　　　　　　　　④ 가공 경화시킨다.

17 축에 작용하는 힘에 의해 분류했을 때 전동축에 관한 설명으로 옳은 것은?

① 주로 인장과 휨 하중을 받는다.
② 주로 휨 하중을 받는다.
③ 주로 휨과 비틀림 하중을 받는다.
④ 주로 압축 하중만을 받는다.

18 감기 전동기구에 대한 설명으로 옳지 않은 것은?

① 벨트 전동기구는 벨트와 풀리 사이의 마찰력에 의해 동력을 전달한다.
② 타이밍 벨트 전동기구는 동기(synchronous)전동을 한다.
③ 체인 전동기구를 사용하면 진동과 소음이 작게 발생하므로 고속 회전에 적합하다.
④ 구동축과 종동축 사이의 거리가 멀리 떨어져 있는 경우에도 동력을 전달할 수 있다.

19 자동차에 사용되는 판 스프링(leaf spring)이나 쇼크 업소버(shock absorber)의 역할은?

① 클러치　　　　　　　　　　② 완충 장치
③ 제동 장치　　　　　　　　　④ 동력 전달 장치

20 유압제어 밸브 중 압력 제어용이 아닌 것은?

① 릴리프(relief) 밸브 　　　② 카운터밸런스(counter balance) 밸브

③ 체크(check) 밸브 　　　　④ 시퀀스(sequence) 밸브

21 다음 중 기아의 핵심 가치로 옳지 않은 것은?

① 지구를 위한 친환경/순환경제 선도

② 지식 공유를 통한 미래인재 양성확대

③ 모두가 안전하고 만족하는 사회 구족

④ 투명하고 신뢰성 있는 거버넌스 확인

22 기아의 사회공헌 활동 중 하나로 장애인의 자유로운 여행을 위한 지원 활동을 무엇이라 하는가?

① 스마일여행

② 나눔여행

③ 초록여행

④ 기쁨여행

23 하나의 물건을 갖게 되면 그것에 어울리는 다른 물건들을 계속 구매하게 되는 현상은?

① 디드로 효과 　　　　　② 캘린더 효과

③ 채찍 효과 　　　　　　④ 쿠퍼 효과

24 다음 설명에 해당하는 것은?

> • 기질 특이성이 있다.
> • 온도와 pH의 영향을 받는다.
> • 생물체 내 화학반응이 잘 일어나도록 촉매 역할을 한다.

① 핵산　　　　　　　　　　② 효소

③ 뉴런　　　　　　　　　　④ ATP

25 '친환경 생태도시'를 칭하는 용어는?

① 메갈로폴리스

② 메트로폴리탄

③ 메트로폴리스

④ 에코폴리스

26 '나는 생각한다. 고로 나는 존재한다.'의 명언을 남긴 사람은?

① 아리스토텔레스

② 탈레스

③ 스피노자

④ 데카르트

27 광고기법 중 비슷한 줄거리에 모델만 다르게 써서 여러 편의 광고를 한꺼번에 내보내는 광고는?

① 멀티스폿 광고

② 시즐 광고

③ 티저 광고

④ 애드버토리얼

28 판소리 5마당이 아닌 것은?

① 배비장전   ② 적벽가

③ 수궁가   ④ 홍보가

※ 밑줄 친 부분에 들어갈 가장 적절한 것을 고르시오. 【29~30】

29

> You have to show a document proving your date of birth or a _____ International Student Identity Card (ISIC) when buying your ticket and boarding the plane.

① averting   ② replicating

③ precipitating   ④ contriving

30

Only limited items will be supplied for sale through _____ outlets including the Eurosports.

① Prosecution   ② Execution

③ Supervision   ④ Probation

제3회 실전 모의고사

1 자동차의 치수 제원 설명으로 틀린 것은?

① 윤거 : 타이어 접촉면 바깥쪽 밑부분부터 다른 쪽 타이어 바깥쪽까지의 거리

② 전폭 : 차체의 최대너비. 단, 백미러는 포함되지 않는다.

③ 전장 : 자동차의 최전단에서 최후단까지의 최대 길이

④ 전고 : 접지면으로부터 차체의 최고부까지의 높이

2 다음 중 연료가 연소실 내부에 직접 분사되는 기관은?

① SPI(Single Point Injection)

② MPI(Multi Point Injection)

③ GDI(Gasoline Direct Injection)

④ PFI(Port Fuel Injection)

3 노크(Knock) 센서에 관한 설명으로 옳은 것은 어느 것인가?

① 노크 발생을 검출하고 이에 대응하여 점화시기를 진각시킨다.
② 노크 발생을 검출하고 이에 대응하여 점화시기를 지연시킨다.
③ 노크 발생을 검출하고 이에 대응하여 기관 회전속도를 낮춘다.
④ 노크 발생을 검출하고 이에 대응하여 기관 회전속도를 높인다.

4 LPG 연료 차량의 주요 구성장치가 아닌 것은? (단, LPI는 제외한다.)

① 베이퍼라이저(vaporizer)
② 연료여과기(fuel filter)
③ 믹서(mixer)
④ 연료펌프(fuel pump)

5 전자제어 디젤 기관(CRDI)에서 커먼레일의 연료 압력을 측정하여 컴퓨터로 입력하며, 컴퓨터는 이 신호를 받아 연료량, 분사시기를 조정하는 신호로 사용하며 연료 압력 센서 내부는 반도체 피에조 저항을 사용한다. 무슨 센서인가?

① APS(Accelerator Position Sensor)
② 노킹센서(Knocking Sensor)
③ AFS(Air Flow Sensor)
④ RPS(Rail Pressure Sensor)

6 조향장치가 갖추어야 할 조건으로 옳지 않은 것은?

① 조향 조작이 주행 중 발생되는 충격에 영향을 받지 않을 것

② 조작하기 쉽고 방향 변환이 원활하게 이루어질 것

③ 고속 주행에서도 조향 핸들이 안정될 것

④ 조향 핸들의 회전과 바퀴 선회 차가 클 것

7 자동차 휠 얼라인먼트 요소에서 다음 중 그 구성이 아닌 것은?

① 사이드 각(side-angle)

② 토(toe)

③ 캠버(camber)

④ 캐스터(caster)

8 자동차 문이 닫힐 때 실내가 어두워지는 것을 방지해 주는 램프는?

① 테일 램프

② 도어 램프

③ 감광식 룸램프

④ 패널 램프

9 전기자동차에서 PRA(Power Relay Assembly) 기능에 대한 설명으로 틀린 것은?

① 승객 보호
② 전장품 보호
③ 고전압 회로 과전류 보호
④ 고전압 배터리 암전류 차단

10 다음은 연료전지 자동차에 대한 설명이다. 틀린 것은?

① 에너지원으로 순수 수소나 개질 수소를 이용하여 전력을 발생시킨다.
② 연료전지 자동차에서 배출되는 배출가스의 양이 내연기관의 자동차보다 많다.
③ 일종의 대체 에너지를 사용한 전기자동차이다.
④ 전기자동차의 주요 공해원은 축전지를 충전하는데 필요한 전기를 생산하기 위해 발생하는 발전소에서의 공해이다.

11 다음 중 지그의 종류에 해당하지 않는 것은?

① 볼지그 ② 채널지그
③ 리프지그 ④ 평판지그

12 다음 중 피스톤 로드와 같이 인장과 압축을 번갈아가며 반복해서 작용하는 하중으로 옳은 것은?

① 정 하중 ② 인장 하중
③ 교번 하중 ④ 충격 하중

13 관용 나사의 나사각으로 옳은 것은?

① 40°

② 45°

③ 50°

④ 55°

14 안장 키라고도 하며, 축에 홈을 파지 않고 보스에만 1/100정도 기울기의 홈을 파고 홈 속에 박는 키는?

① 둥근 키

② 성크 키

③ 새들 키

④ 드라이빙 키

15 코킹(Caulking) 작업의 목적은 무엇인가?

① 용접에 있어서 모재를 접합하기 위해서

② 리벳팅에 있어서 기밀을 유지하기 위해서

③ 용접에 있어서 효율을 높이기 위해서

④ 리벳팅에 있어서 강판의 강도를 크게 하기 위해서

16 용접 이음의 장점이 아닌 것은?

① 이음 효율이 좋다.

② 이음의 기밀성이 좋다.

③ 판의 두께에 제한이 없다.

④ 재료와 제작비가 경감된다.

17 다음 중 직선운동을 회전운동으로 바꾸는 데 사용되는 축은?

① 전동축 ② 직선축
③ 스핀들 ④ 크랭크축

18 마찰차에 대한 설명 중 옳지 않은 것은?

① 정확한 속도비 유지가 곤란하다.
② 마찰차로 두 축이 평행한 곳에서만 사용한다.
③ 전달동력이 작다.
④ 회전속도가 커서 기어사용이 곤란한 곳에서만 사용한다.

19 기계가 받는 충격과 진동을 완화하고 운동이나 압력을 억제하며 에너지의 축적 및 힘의 측정에 사용되는 것은?

① 완충장치 ② 브레이크
③ 스프링 ④ 링크

20 관 이음의 종류가 아닌 것은?

① 플랜지 이음 ② 신축형 관 이음
③ 나사식 관 이음 ④ 볼트식 관 이음

21 기아의 기후변화 대응 전략인 "2045년 탄소중립"을 실현시키기 위한 방향성으로 옳지 않은 것은?

① Sustainable competition

② Sustainable Energy

③ Sustainable Mobility

④ Sustainable Planet

22 2017년 6월에 오픈한 기아의 브랜드 체험 공간을 무엇이라고 하는가?

① KIA 007

② KIA 021

③ KIA 216

④ KIA 360

23 우리나라에서 제작한 국산 1호 구축함은?

① 광개토대왕함

② 이종무함

③ 김좌진함

④ 장보고함

24 대량거래로 유통되는 모든 상품의 가격변동을 측정하기 위해 작성된 지수를 일컫는 말은?

① 디플레이션

② 인플레이션

③ 소비자 물가지수

④ 생산자 물가지수

25 사용자가 컴퓨터와 정보 교환 시 키보드를 통한 명령어 작업이 아닌 그래픽을 통해 마우스 등을 이용하여 작업할 수 있는 환경은?

① Hotspot

② Bluetooth

③ GUI

④ P2P

26 전력의 100%를 무탄소 에너지원으로 공급받아 사용하는 캠페인은?

① CF100

② RE100

③ 넷 제로

④ 그린 뉴딜

27 광고수입에만 의존 · 제작하여 무료로 배포되는 신문은?

① 옐로페이퍼
② 프리페이퍼
③ 스트리트페이퍼
④ 지하신문

28 시대가 다른 음악가는?

① 베토벤
② 하이든
③ 쇼팽
④ 모차르트

※ 밑줄 친 부분에 들어갈 가장 적절한 것을 고르시오. 【29~30】

29

The composer and his wife _____ went to the ballet, even for the gala performances set to his own music.

① infrequently
② never
③ occasionally
④ invariably

30

Even before he got to the chemist's, he had lost the _____ for the medicine, and had to go back to the doctor to get another one.

① prescription   ② receipt

③ remedy   ④ recipe

CHAPTER

04

제4회 실전 모의고사

1 다음 중 자동차의 치수 제원에 대한 설명으로 틀린 것은?

① 전폭 : 사이드 미러를 개방한 상태를 포함한 자동차 중심선에서 좌우로 가장 바깥쪽의 최대너비를 말한다.

② 전고 : 접지면으로부터 자동차의 최고부까지의 높이를 말한다.

③ 전장 : 자동차를 옆에서 보았을 때 범퍼를 포함한 자동차의 제일 앞쪽 끝에서 뒤쪽 끝까지의 최대 길이를 말한다.

④ 축거 : 자동차를 옆에서 보았을 때 전·후 차축의 중심 간의 수평거리를 말한다.

2 다음 중 배출가스에 대한 설명으로 옳은 것은?

① 질소산화물은 햇빛 속의 자외선과 반응하여 광화학 스모그의 주원인이 되어 눈이나 호흡기에 자극을 준다.

② 탄화수소는 배출가스 중 그 양이 가장 많으며, 인체에 들어와 혈액 중의 헤모글로빈과 결합하면 혈액의 산소량 결핍을 가져오게 된다.

③ 일산화탄소는 광화학 스모그 형성으로 시계를 악화시키며 점막을 자극하고, 미각을 잃게 하며, 장시간 노출되면 뇌를 자극하여 환각을 일으키기도 한다.

④ 이산화탄소는 특이한 자극적인 냄새를 가진 적갈색의 기체이다. 질소산화물의 하나로서, 일산화질소에 산소를 섞으면 생성된다.

3 압력을 저항으로 변화시키는 반도체 피에조 저항형 센서는?

① 산소 센서

② 대기압 센서

③ 공기흐름 센서

④ 크랭크각 센서

4 CNG 기관의 장점에 속하지 않는 것은?

① 매연이 감소된다.

② 이산화탄소와 일산화탄소 배출량이 감소한다.

③ 낮은 온도에서의 시동성능이 좋지 못하다.

④ 기관 작동 소음을 낮출 수 있다.

5 디젤기관에서 기계식 독립형 연료분사펌프의 분사시기 조정방법으로 옳은 것은?

① 피니언과 슬리브로 조정

② 펌프와 타이밍 기어의 커플링으로 조정

③ 랙과 피니언으로 조정

④ 거버너의 스프링으로 조정

6 독립현가식 장치에서 토션 바라고도 하며, 고속선회 시 차체의 롤링을 방지하는 것은?

① 스테빌라이저

② 차동 기어

③ 유니버설 조인트

④ 최종 감속장치

7 자동차 베이퍼록에 대한 설명으로 바르지 않은 것은?

① 풋 브레이크를 과도하게 사용할 때 발생할 수 있다.

② 여름철 내리막 길에서 풋 브레이크를 지나치게 사용할 때 발생할 수 있다.

③ 엔진브레이크를 사용할 때 자주 발생한다.

④ 풋 브레이크를 사용하지 않고, 품질 우수한 브레이크액으로도 방지할 수 있다.

8 어떤 기준 전압 이상이 되면 역방향으로 큰 전류가 흐르게 되는 반도체는?

① PNP형 트랜지스터　　　　　② 발광 다이오드

③ 제너 다이오드　　　　　　　④ 포토 다이오드

9 바퀴에서 발생하는 회전력을 이용하여 전기적 에너지로 변환시켜 축전지 충전을 실행하는 모드를 무엇이라 하는가?

① 감속 모드(회생 재생모드)
② 아이들 스톱 모드
③ 시동 모드
④ 발진 모드

10 수소연료와 저장방법을 설명한 것이다. 다음 중 틀린 것은?

① 동일한 연료 탱크의 크기로 가솔린기관 자동차 이상의 장거리 주행도 가능하다.
② 수소의 고밀도 저장방법에는 고압용기, 액체수소 저장탱크, 수소흡장 합금 저장탱크 등 3가지가 있다.
③ 대체 연료 중 에너지 효율 면에서 가장 우수한 연료이다.
④ 수소는 상온에서 기체이므로 에너지 밀도가 낮아 고밀도화시키는 것이 주요 관건이다.

11 다음 중 동력을 전달하는 요소가 아닌 것은?

① 축   ② 축 이음
③ 미끄럼 베어링   ④ 브레이크

12 다음 중 재료의 단위면적에 작용하는 힘은?

① 변형률　　　　　　　　② 응력

③ 전단력　　　　　　　　④ 피로

13 다음 중 나사의 이완을 방지하는 방법이 아닌 것은?

① 와셔를 사용한다.

② 록 너트를 사용한다.

③ 세트 스크류를 사용한다.

④ 나사부의 마찰각을 너트부의 마찰각보다 크게 한다.

14 다음은 접선 키에 대한 설명이다. 접선 키에서 120°로 두 곳에 키를 끼우는 이유는?

① 역회전이 가능하게 하기 위해서이다.

② 축압을 막기 위해서이다.

③ 큰 동력을 전달하기 위해서이다.

④ 축을 강하게 하기 위해서이다.

15 다음 리벳의 분류 중 나머지 셋과 다른 것은?

① 겹치기 이음　　　　　　② 보일러용 이음

③ 용기용 이음　　　　　　④ 구조용 이음

16 접합하려는 두 모재를 마주보게 하고 그루브는 만들지 않고 평면 그대로 용접하는 방법을 무엇이라고 하는가?

① 비드 용접　　　　　　　　　② 필렛 용접
③ 플러그 용접　　　　　　　　 ④ 그루브 용접

17 구름 베어링의 종류 중 옳지 않은 것은?

① 원통 롤러 베어링　　　　　　② 구면 롤러 베어링
③ 원뿔 롤러 베어링　　　　　　④ 니들 롤러 베어링

18 마찰차의 종류 중 변속이 가능한 마찰차는?

① 구면 마찰차　　　　　　　　② 홈 마찰차
③ 원뿔 마찰차　　　　　　　　④ 변속 마찰차

19 스프링의 분류 중 인장 스프링, 압축 스프링, 토션바 스프링은 무엇에 의한 분류인가?

① 형상에 의한 분류　　　　　　② 하중에 의한 분류
③ 크기에 의한 분류　　　　　　④ 길이에 의한 분류

20 나사식 관 이음쇠의 종류가 아닌 것은?

① 엘보　　　　　　　　　　② 크로스

③ 유니언　　　　　　　　　　④ 엑스

21 기아의 기후변화 대응 전략 중 하나로 2040년까지 전세계 사업장에서 전기에너지 사용을 100% 재생에너지로 전환하겠다는 전략을 무엇이라 하는가?

① TU100

② CH100

③ AC100

④ RE100

22 기아가 지속가능성을 위한 디자인을 위해 내놓은 3단계 실행 계획으로 옳지 않은 것은?

① bright color

② Leather-free

③ 10 Must have items

④ BIO Fabrication

23 기업이 소비자를 상대로 하여 물품 및 서비스를 직접적으로 제공하는 전자상거래 방식은?

① B2E

② B2G

③ B2B

④ B2C

24 평가절하 시 수출 가격은 즉시 하락하나, 이로 인한 수출물량의 증가는 서서히 이루어지므로 일시적으로 국제수지가 악화되는 현상과 가장 관련이 큰 것은?

① 피구 효과

② 승수 효과

③ J커브 효과

④ 마샬 – 러너의 조건

25 도시의 생물다양성을 높이기 위해 인공으로 조성하는 '소생물권'을 가리키는 용어는?

① 야생동물 이동통로

② 생태공원

③ 비오토프

④ 자연형 하천

26 유네스코가 지정한 국제 기념일 세계 철학의 날은?

① 매년 11월 셋째 주 목요일

② 매년 10월 둘째 주 금요일

③ 매년 5월 셋째 주 수요일

④ 매년 1월 넷째 주 월요일

27 언론이 물리적 대량화·대중화되면서 매스미디어가 사회적으로 유리된 개인으로서의 수용자 구성원들에게 직접 영향을 주는 것을 무엇이라 하는가?

① 피라미드 모형

② 피하주사 모형

③ 의제설정이론

④ 이용과 충족이론

28 베르디의 오페라 작품이 아닌 것은?

① 나부코

② 멕베스

③ 운명의 힘

④ 피가로의 결혼

※ 밑줄 친 부분에 들어갈 가장 적절한 것을 고르시오. 【29~30】

29

Punctuality is important, and people who are consistently late for appointments are thought to be _____.

① diligent
② friendly
③ practical
④ inconsiderate

30

I didn't like her at first but we _____ became good friends.

① necessarily
② initially
③ casually
④ eventually

제5회 실전 모의고사

1 일정한 조향각으로 선회하여 속도를 높였을 때, 선회반경이 기지는 현상을 무엇이라 하는가?

① 언더스티어(Under-Steer)

② 오버스티어(Over-Steer)

③ 뉴트럴스티어(Neutal-Steer)

④ 리버스스티어(Reverse-Steer)

2 전자제어기관에서 산소 센서의 설명으로 옳지 않은 것은?

① 흡기다기관에 설치되어 흡입공기를 측정한다.

② 배기 매니폴드에 설치되어 있다.

③ 산소 농도를 측정하여 피드백 제어한다.

④ 지르코니아 방식과 티타니아 방식이 있다.

3 다음 중 가솔린기관에서 연료펌프 내 연료압송이 정지될 때 닫혀 연료라인 내에 잔압을 유지시키고 고온 시 베이퍼 록 현상을 방지하고 재시동성을 향상시키는 장치는?

① 체크 밸브
② 연료압력조절기
③ 밸브 스프링
④ 유압조절기

4 압천연가스(CNG)의 특징으로 거리가 먼 것은?

① 전 세계적으로 매장량이 풍부하다.
② 옥탄가가 매우 낮아 압축비를 높일 수 없다.
③ 분진 유황이 거의 없다.
④ 기체 연료이므로 엔진 체적효율이 낮다.

5 다음 중 플런저 스프링이 약해졌을 때 일어나는 현상으로 가장 옳은 것은?

① 캠 작용이 끝난 후 플런저의 복귀가 나쁘다.
② 태핏 간격이 넓어진다.
③ 연료의 분사량이 감소한다.
④ 연료 분사개시 압력이 높아진다.

6 다음 중 조향바퀴에 복원력과 안정성을 주는 것은?

① 캠버

② 토인

③ 킹핀

④ 캐스터

7 다음 중 주행 시 앞부분에 심한 진동이 생기는 현상인 트램프(Tramp)의 원인은?

① 적재량 오버

② 바퀴의 동적 정적 불평형

③ 고무스프링 파손

④ 공기압의 과다

8 전자제어 점화장치에서 점화시기를 제어하는 센서에 해당하지 않는 것은?

① 크랭크 각 센서

② 대기압 센서

③ 산소 센서

④ 수온 센서

9 하이브리드 자동차에서 고전압 관련정비 시 고전압을 해제하는 장치는?

① 전류 센서

② 배터리 팩

③ 안전 스위치(안전 플러그)

④ 프리 차져 저항

10 고전압 장치가 적용되는 친환경 자동차에서 교통사고 발생 시 안전대책으로 올바르지 않은 것은?

① 장갑, 보호안경, 안전복, 안전화를 착용한다.

② 화재 시 물을 이용하여 진압하며, ABC 소화기를 사용하지 않는다.

③ 절연피복이 벗겨진 파워 케이블은 절대 접촉하지 않는다.

④ 차량이 물에 반 이상 침수된 경우에는 메인 전원차단 플러그를 뽑으려고 해서는 안 된다.

11 입체각을 나타내는 단위는?

① sr

② rad

③ rad/s

④ rad/s^2

12 응력 – 변형률 선도에서 가장 큰 값을 고르면?

① 비례 한도

② 극한 강도

③ 탄성 한도

④ 인장 강도

13 나사에서 피치와 리드 사이의 관계로 옳은 것은?

① 1줄 나사에서 피치와 리드는 같다.

② 2줄 나사에서 피치와 리드는 같다.

③ 3줄 나사에서 피치와 리드는 같다.

④ 4줄 나사에서 피치와 리드는 같다.

14 다음 중 코터에 대한 설명으로 옳지 않은 것은?

① 축 방향의 힘을 전달한다.

② 로드(Rod), 소켓(Socket), 코터(Cotter) 3가지로 구성되어 있다.

③ 축의 회전력을 전달한다.

④ 인장력과 압축력을 전달한다.

15 리벳 이음의 파괴에 대한 설명 중 파괴되는 경우가 아닌 것은?

① 리벳이 굽혀져서 파괴된다.

② 리벳이 전단 하중을 받아 파괴된다.

③ 리벳구멍 사이의 강판이 파괴된다.

④ 강판의 가장자리가 파괴된다.

16 용접봉의 운행이 불량한 경우나 용접봉의 용융점이 모재보다 낮을 경우 용입부에 과잉 용착 금속이 남는 현상을 무엇이라고 하는가?

① 언더컷

② 피닝

③ 오버랩

④ 스패터

17 윤활제의 구비조건 중 옳지 않은 것은?

① 유성이 좋을 것

② 가격이 비쌀 것

③ 적당한 점도를 가질 것

④ 인화점이 높고 발화점이 높을 것

18 피치원 둘레를 잇수로 나눈 값으로 이 값이 클수록 이가 커지는 것은?

① 압력각

② 원주피치

③ 모듈

④ 지름피치

19 단면이 둥글거나 각이 진 봉재를 코일형으로 감은 스프링은?

① 토션 바 스프링

② 유압 댐퍼

③ 판 스프링

④ 코일 스프링

20 유량을 작게 줄이며, 작은 힘으로도 정확하게 유체의 흐름을 차단할 수 있는 밸브는?

① 앵글 밸브

② 니들 밸브

③ 글로브 밸브

④ 체크 밸브

21 기아의 기업 비전은 무엇인가?

① Sustainable Mobility Action Provider

② Sustainable Mobility Solution Provider

③ Sustainable Mobility Plan Provider

④ Sustainable Mobility Secure Provider

22 기아의 PBV 전용 모델 라인업 계획으로 옳지 않은 것은?

① Mid PBV

② Large PBV

③ Small PBV

④ Fast PBV

23 권력분립제도를 발전시켜 입법·사법·행정의 3권분립을 정식화한 사람은?

① 로크(Locke)

② 루소(Rousseau)

③ 몽테스키외(Montesquieu)

④ 보댕(Bodin)

24 자녀에게 기대지 않고 부부끼리 여가생활을 즐기며 독립적인 생활을 하려는 노인세대를 일컫는 용어는?

① 텔테크족

② 키덜트족

③ 통크족

④ 예티족

25 우주선이 지구의 인력권을 벗어난 후 달까지 도달하는 힘은?

① 원심력 ② 지구의 인력

③ 관성 ④ 달의 인력

26 다음과 같은 내용을 특징으로 하는 것과 관련이 깊은 것은?

> 열대해양기단과 찬 대륙기단의 영향으로 여름철에는 비가 많고 고온다습하며 겨울철에는 춥고 맑은 날이 많으며 저온건조하다.

① 해양성 기후

② 계절풍 기후

③ 대륙성 기후

④ 열대우림 기후

27 공자가 '從心所慾不踰矩(종심소욕불유구)'라 하여 마음먹은 대로 해도 법도에 벗어남이 없다고 한 나이는?

① 40세

② 50세

③ 60세

④ 70세

28 방송 화면을 합성하는 기술로, 색조 차이를 이용하는 것은?

① 크로마키

② 패닝

③ 핸드 헬드

④ 매트 페인팅

※ 밑줄 친 부분에 들어갈 표현으로 가장 적절한 것을 고르시오. 【29~30】

29

Joe's statement _____ one interpretation only, that he was certainly aware of what he was doing.

① admits in

② allows to

③ admits of

④ allows for

30

Those seven-year-old identical twin brothers are as like as two _____.

① peas

② balls

③ melons

④ oranges

PART

04

정답 및 해설

제1회 정답 및 해설

1 ③

최소 회전반경 … 자동차의 핸들을 최대로 회전시킨 상태에서 선회할 때 바퀴가 그리는 동심원 중 바깥쪽 퀴가 그리는 반지름을 말한다.

2 ④

이론공연비보다 농후할 때 CO와 HC는 증가하고 N_OX는 감소한다. 이론공연비보다 약간 희박할 때 N_OX는 증가하고, CO와 HC는 감소한다.

3 ③

측압 … 앞바퀴의 좌우가 역위상(逆位相 ; 한쪽이 올라갈 때면 한쪽이 내려감)으로 되어 상하로 뒤흔들리는 것을 말한다.

4 ③

윤활유의 역할 … 윤활작용, 냉각작용, 밀봉작용, 세정작용, 방청작용, 응력분산작용, 소음감쇠작용

5 ④

디젤 노크 방지 대책
㉠ 세탄가가 높고 착화성이 좋은 연료 사용
㉡ 착화기간 중 분사량을 적게 함
㉢ 압축비를 크게 하고 압축온도, 압축압력을 높임
㉣ 흡기공기에 와류가 발생하여 많은 양의 공기가 흡입되도록 함
㉤ 분사시기를 느리게 조정
㉥ 엔진온도 상승

6 ②

연료압력조절기 위치가 어디인가에 따라 입구제어식과 출구제어식으로 구성되는데 고압펌프로 들어가는 연료를 제어하는 것을 입구제어식, 커먼레일 끝부분에서 제어하는 것을 출구제어식이라고 한다

7 ①

디스크 브레이크는 자기 배력 작용이 일어나지 않는다.

8 ④

과방전으로 음극판이 휘는 것은 축전지의 수명이 단축되는 원인이 된다.

9 ①

리튬이온 폴리머 배터리는 열적 안정성이 우수하고, 환경부하가 적어야 하며, 취급이 쉽고, 가격이 싸야 한다.

10 ③

수소를 액화시켜 저장하는 방법이 어려우며 저장탱크를 제작하는 방법 또한 어렵다.

11 ④

④ 안전계수는 수명을 고려한다.

※ 안전계수 결정 시 고려사항
   ㉠ 재질의 균질성
   ㉡ 응력계산의 정확성
   ㉢ 하중계산의 정확성
   ㉣ 공작 및 조립의 정밀도
   ㉤ 공작 및 조립의 잔류능력
   ㉥ 수명

12 ②

피로한도(Fatigue Limit)…재료에 반복 동하중(인장, 압축)이 장시간 작용하게 되면 재료의 극한 강도보다 작은 값에서도 파괴가 시작된다. 이러한 현상은 요소의 재료에 피로가 발생했기 때문이며 이러한 파괴를 피로파괴라 한다. 하지만 반복되는 하중이 어느 한계치 이하에서는 파괴되지 않는데 이 한계치를 피로한도라고 한다.

13 ②

① 무거운 물체를 들어올릴 때 사용한다.
③ 손으로 가볍게 조일 수 있는 볼트이다.
④ 구조물의 기초에 사용한다.

14 ①

반달 키
㉠ 반달 모양의 키로 축의 강도가 약하다.
㉡ 가공이 용이하며 키와 보스 결합시 자동적으로 키가 자리를 잡을 수 있다.
㉢ φ 60mm 이하의 축에 주로 사용하며 자동차, 공작기계 등에 이용된다.

15 ③

코킹과 플러링
㉠ 코킹(Caulking) : 보일러와 같이 기밀을 필요로 할 때 리벳작업이 끝난 뒤에 리벳머리의 주위와 강판의 가
   장자리를 정과 같은 공구로 때리는 작업
㉡ 플러링(Fullering) : 기밀을 좋게 하기 위해 리벳작업이 끝난 후 판재의 끝부분을 때리는 작업

16 ②

① 그루브용접 : 홈 용접이라고도 하며 모재에 홈을 가공하여 용접한다. 홈의 모양에 따라 단면 홈(I형, J형,
   L형, U형, V형)과 양면 홈(K형, J형, X형, H형)이 있다.
③ 플러그용접 : 접합할 모재의 한 쪽에 구멍을 뚫고 판의 표면까지 용접하는 것을 의미한다.
④ 비드용접 : 접합하려는 두 모재를 마주보게 하고 그루브는 만들지 않고 평면 그대로 비드를 용접하는 방법
   이다.

17 ②

두 축의 중심선을 일치시키기 어렵거나, 진동이 발생되기 쉬운 경우에는 플렉시블 커플링을 사용하여 축을
연결하고, 두 축이 만나는 각이 수시로 변화하는 경우에는 유니버설 조인트가 사용된다.
• 플랜지 커플링 : 큰 축과 고속정밀회전축에 적합하며 커플링으로서 가장 널리 사용되는 방식이다. 양 축 끝
  단의 플랜지를 키로 고정한 이음이다.
• 플렉시블 커플링 : 두 축의 중심선이 약간 어긋나 있을 경우 탄성체를 플랜지에 끼워 진동을 완화시키는 이
  음이다. 회전축이 자유롭게 이동할 수 있다.
• 유체 커플링 : 원동축에 고정된 펌프 깃의 회전력에 의해 동력을 전달하는 이음이다.
• 유니버설 커플링 : 훅 조인트(Hook's joint)라고도 하며, 두 축이 같은 평면 내에 있으면서 그 중심선이 서
  로 30° 이내의 각도를 이루고 교차하는 경우에 사용되며 두 축이 만나는 각이 수시로 변화하는 경우에 사
  용되기도 한다. 공작 기계, 자동차의 동력전달 기구, 압연 롤러의 전동축 등에 널리 쓰인다.

18 ①

벨트와 풀리에 이를 붙인 전동장치는 타이밍 벨트전동장치로 볼 수 있으며, 이는 미끄럼 없이 일정한 속도비를 얻을 수 있어 회전이 원활하게 되므로 효과적인 윤활이 필수적으로 요구되지는 않는다.

※ 타이밍 벨트
- 이붙이 벨트라고도 한다. 미끄럼을 없애기 위하여 접촉면에 치형을 붙이고 맞물림에 의하여 동력을 전달하도록 한 벨트이다.
- 평 벨트의 내측에는 같은 피치의 사다리꼴 또는 원형 모양의 돌기가 있으며 벨트 풀리도 이 벨트가 물릴 수 있도록 인벌류트 치형으로 되어 있다.
- 정확하고 일정한 회전비를 얻을 수 있으며 초기장력이 작으므로 베어링에 작용하는 하중을 작게 할 수 있다.

19 ④

축압 브레이크의 일종으로, 회전축 방향에 힘을 가하여 회전을 제동하는 제동 장치는 원판 브레이크이다.
- 드럼 브레이크 : 브레이크 블록이 확장되면서 원통형 회전체의 내부에 접촉하여 제동되는 브레이크이다.
- 블록 브레이크 : 회전축에 고정시킨 브레이크 드럼에 브레이크 블록을 눌러 그 마찰력으로 제동하는 브레이크이다.
- 밴드 브레이크 : 브레이크 드럼 주위에 강철밴드를 감아 장력을 주어 밴드와 드럼의 마찰력으로 제동하는 브레이크이다.
- 원판 브레이크 : 축과 일체로 회전하는 원판의 한 면 또는 양 면을 유압 피스톤 등에 의해 작동되는 마찰패드로 눌러서 제동시키는 브레이크로 방열성, 제동력이 좋고, 성능도 안정적이기 때문에 항공기, 고속열차 등 고속차량에 사용되고, 일반 승용차나 오토바이 등에도 널리 사용된다. 축압 브레이크의 일종으로, 회전축 방향에 힘을 가하여 회전을 제동하는 제동 장치이다.

20 ①

㉠ 릴리프 밸브 : 회로 내의 압력을 설정치로 유지하는 밸브이다. (안전 밸브라고도 한다.)
㉡ 시퀀스 밸브 : 둘 이상의 분기회로가 있는 회로 내에서 그 작동 시퀀스 밸브순서를 회로의 압력 등에 의해 제어하는 밸브
㉢ 무부하 밸브 : 회로의 압력이 설정치에 달하면 펌프를 무부하로 하는 밸브
㉣ 카운터 밸런스 밸브 : 부하의 낙하를 방지하기 위하여 배압을 부여하는 밸브
㉤ 감압 밸브 : 출구측 압력을 입구측 압력보다 낮은 설정압력으로 조정하는 밸브

21 ③

Plan S
㉠ Planet : 지속가능한 가치를 창출하는 친환경 기업으로의 전환
㉡ People : 공급자 관점이 아닌 고객중심 마인드셋으로 전환
㉢ Profit : 기존 사업에서 미래 신사업·신수익 구조로 전환

22 ①

위블 비즈 … EV 차량과 관련한 토탈 솔루션으로 기아의 기업 또는 기관 고객 대상에게 제공하는 모빌리티 서비스이다.

23 ④

업사이클링 … Upgrade와 Recycling의 합성어로, 버려지는 물건을 재활용하여 필요한 제품으로 재탄생시키며 최근에는 착한 소비, 가치 있는 소비로 새로운 소비 트렌드가 되었다.

24 ④

세계 3대 운하
㉠ 수에즈 운하 : 이집트 동북부에 있는 지중해와 홍해를 연결하는 수평식 운하로 최근에 좌초 사고가 일어났었다.
㉡ 파나마 운하 : 중앙아메리카 동남쪽에서 태평양과 대서양을 잇는 운하로 1914년에 건설되었다.
㉢ 코린토스 운하 : 그리스 남쪽 펠로폰네소스반도의 코린트 지협에 있는 운하이다. 1893년에 개통되었다.

25 ②

웨더 쇼크 … 갑작스러운 날씨의 변화로 인해 사회적 또는 경제적인 피해가 발생하는 현상을 말한다. 예를 들면 지속적인 폭염으로 수박 가격이 폭등하는 경우, 급격한 수온 변화로 각종 어류가 집단 폐사 해 수산물의 가격이 높아지는 경우 등이 있다.

26 ③

슈퍼에고 … 에고와 함께 정신을 구성하는 것으로 양심의 기능을 담당한다. 어릴 때부터의 학습이나 교육에 의해서 이드에서 분화한 것으로 생각하며, 이드로부터 오는 충동이나 자아의 활동을 감시하고 통제하며 억압한다.
① 이드(Id) : 마음속에 감추어져 있는 본능적 충동의 원천으로, 쾌락을 구하고 불쾌를 피하는 쾌락원칙에 지배된다. 비도덕적, 비논리적이며 무의식적이다.
② 에고(Ego) : 사고, 감정, 의지 등의 여러 작용에 주관하고 이를 통일하는 주체로, 지속적으로 한 개체로 존속하며 자연이나 타인과 구별되는 개개인의 존재를 말한다.
④ 리비도(Libido) : 성본능, 성충동을 일컫는 용어로, 프로이트는 리비도가 사춘기에 갑자기 나타나는 것이 아니라 태어나면서부터 서서히 발달하는 것이라고 생각했다.

27 ①

② 권불십년(權不十年) : 권세는 10년을 넘지 못한다는 뜻으로 권력은 오래가지 못하고 늘 변함을 이르는 표현이다.

③ 전전반측(輾轉反側) : 이리저리 뒤척인다는 뜻으로 사모(思慕)하여 잠을 이루지 못함을 이르는 표현이다.

④ 방약무인(傍若無人) : 곁에 아무도 없는 것처럼 여긴다는 뜻으로 주위에 있는 다른 사람을 의식하지 않고 제멋대로 행동하는 것을 이르는 표현이다.

28 ④

독립신문 … 1896년 4월 7일 서재필이 창간한 우리나라 최초의 순 한글신문이자 민간신문이다. 1957년 언론 계는 이 신문의 창간일인 4월 7일을 신문의 날로 정하였다.

① 제국신문 : 대한 제국 시대에 발행된 일간 신문으로, 1898년 8월 10일 이종일이 창간했다.

② 한성순보 : 1883년(고종 20)에 창간된 한국 최초의 근대 신문으로, 서울 관악구 봉천동 서울대학교 중앙도 서관에 소장되어 있다.

③ 황성신문 : 1898년(광무 2) 9월 5일 남궁억 등이 창간한 일간 신문이다.

29 ①

of coping with ~에 대처하는 taboo (종교상의) 금기, 금기의 notion 관념, 생각 euphemism 완곡 어구 circumlocution 완곡한 표현 emerge 나타나다, 발생하다 linguistic 어학의, 언어의 pass on 죽다 snuff (초를) 끄다 aloft 위에, 높이, 천국에

종교상 금기시 되는 단어와 관념들을 대체하는 일반적인 방법은 완곡한 어구와 표현들을 개발하는 것이다. 수많은 단어와 어구들이 기본적인 생물학적 기능을 표현하기 위해 생겨났으며, 죽음에 대해 이야기하는 자 체적인 언어학의 세계가 있다. 영어에서의 예로 "to pass on", "to snuff the candle", 그리고 "to go aloft" 등을 포함한다.

① 죽음 ② 패배 ③ 걱정, 근심 ④ 좌절, 실패

30 ②

gene 유전자 particular 특별한, 독특한 characteristic 특징 regardless of ~과(와) 관계없이

우성 유전자는 사람이 유전자를 한쪽 부모로부터 받든 양쪽 부모로부터 받든 관계없이 하나의 독특한 특징 을 만들어내는 유전자이다.

① 열성의 ② 우성의 ③ 능숙한 ④ 격동의, 요동치는

1 ④

윤거 … 좌우 타이어가 지면을 접촉하는 지점에서 좌우 두 개의 타이어 중심선 사이의 거리를 말한다.

2 ②

노킹 발생 원인

㉠ 기관에 과부하가 걸렸을 때

㉡ 기관이 과열되었을 때

㉢ 점화시기가 너무 빠를 때

㉣ 혼합비가 희박할 때

㉤ 낮은 옥탄가의 가솔린을 사용했을 때

3 ①

2행정 기관은 토크가 높으나 고속 기관에는 적합하지 않으며, 4행정 기관은 고속 기관에 적합하나 반대로 대형 기관에는 적합하지 않다.

4 ②

과류방지밸브는 배출밸브의 내측에 설치되어 있으며 배관 등이 파손되어 연료가 과도하게 흐르면 밸브가 닫힌다. 송출압력에 의해 밸브가 닫혀 연료의 유출을 방지한다.

5 ①

디젤 기관에서 압축비를 증가하면 열효율이 향상됨과 동시에 연료소비율이 적어진다.

6 ③

조향 핸들이 쏠리는 원인과 조향 기어박스 오일 부족은 전혀 상관관계가 없다.

7　④

CV형 자재이음 … 자재이음 양단의 2축 간의 각속도 차이에 따라 부등속자재이음과 등속자재이음으로 구성된다.

8　③

축전지 전해액의 비중은 온도가 올라가면 비중은 내려간다.

9　③

고전압 배터리의 역할은 출력 보조 시 전기 에너지 공급, 충전 시 전기 에너지 저장하는 기능이 있다.

10　②

분사펌프는 내연기관에 연료를 분사하는 펌프이다.

11　④

하중의 분류
㉠ 동 하중의 분류 : 변동 하중, 반복 하중, 교번 하중, 충격 하중, 이동 하중
㉡ 하중의 분포에 따른 하중의 분류 : 집중 하중, 분포 하중

12　①

② 기둥의 길이가 그 횡단면의 치수에 비해서 클 때 기둥의 양단에 압축하중이 가해졌을 경우 하중이 어느 한계에 이르면 갑자기 기둥이 휘는 현상을 말한다.
③ 기계구조물에 반복적으로 하중이 가해지고 그 반복횟수가 많아져 시간이 경과된 후 재료가 파괴되는 현상을 말한다.
④ 처음에 무응력 상태로 있던 물체에 하중을 가하여 응력과 변형을 준 후 하중을 제거해도 응력이 물체 내에 잔존하는 것을 말하며 균열의 원인이 된다.

13　①

둥근 나사
㉠ 산의 각도가 30°이고 큰 힘에 견딜 수 있다.
㉡ 플랭크 사이에 모래 등의 이물질이 혼입되어도 지장이 없는 경우에 사용한다.
㉢ 나사산과 골 반경은 동일하다.

14 ②

안장 키(Saddle Key)는 축을 가공하지 않기 때문에 축의 강도가 저하되지 않는다.

15 ①

플러링과 코킹 … 기밀을 필요로 하는 경우 리벳작업이 끝난 뒤에 리벳머리의 주위와 강판의 가장자리를 정과 같은 공구로 때리는 작업을 의미한다.

16 ③

용접은 열을 가하는 것이기 때문에 변형이나 잔류 응력이 생긴다. 이를 없애기 위해서는 풀림 처리를 하면 된다.

17 ③

작용 하중(용도)에 의한 축의 분류
ⓐ 차축 : 굽힘 하중을 받으며, 정지 차축과 회전 차축이 있다.
ⓑ 스핀들 : 비틀림 하중을 받으며, 공작기계의 회전축에 쓰인다.
ⓒ 전동축 : 비틀림 하중과 굽힘 하중을 동시에 받으며, 축의 회전에 의하여 동력을 전달하는 축이다.

18 ③

체인(chain)은 치형이 있으면 초기 장력을 줄 필요가 없으며 정지 시에 장력이 작용하지 않는다.
※ 체인전동장치의 특징
• 미끄럼이 없는 일정한 속도비를 얻을 수 있다.
• 초기장력이 필요 없으므로 베어링의 마찰손실이 적다.
• 내열, 내유, 내수성이 크며 유지 및 수리가 쉽다.
• 전동효율이 높고 로프보다 큰 동력을 전달시킬 수 있다.
• 체인의 탄성으로 어느 정도 충격하중을 흡수한다.
• 진동과 소음이 크다.
• 속도비가 정확하나 고속회전에 적합하지 않다.
• 여러 개의 측을 동시에 구동할 수 있다.
• 체인 속도의 변동이 발생할 수 있다.

19 ②

자동차에 사용되는 판 스프링(leaf spring)이나 쇼크 업소버(shock absorber)는 완충 장치이다.

20 ③

밸브의 종류

- 역류방지 밸브(체크 밸브) : 유체를 한 방향으로만 흐르게 해, 역류를 방지하는 밸브. 체크 밸브라고도 한다.
- 릴리프 밸브 : 유체압력이 설정값을 초과할 경우 배기시켜 회로내의 유체 압력을 설정값 이하로 일정하게 유지시키는 밸브이다. (Cracking pressure : 릴리프 밸브가 열리는 순간의 압력으로 이때부터 배출구를 통하여 오일이 흐르기 시작한다.)
- 카운터밸런스 밸브 : 부하가 급격히 제거되었을 때 그 자중이나 관성력 때문에 소정의 제어를 못하게 되거나 램의 자유낙하를 방지하거나 귀환유의 유량에 관계없이 일정한 배압을 걸어준다.
- 시퀀스 밸브 : 순차적으로 작동할 때 작동순서를 회로의 압력에 의해 제어하는 밸브이다.
- 나비형 밸브 : 조름 밸브라고도 하며 평면밸브의 흐름과 직각인 방향으로 회전시켜 유량을 조절한다.
- 스톱 밸브 : 관로의 내부나 용기에 설치하여 유동하는 유체의 유량과 압력을 제어하는 밸브로서 밸브 디스크가 밸브대에 의하여 밸브시트에 직각방향으로 작동한다. (글로브 밸브, 슬루스 밸브, 앵글 밸브, 니들 밸브 등이 있다.)
- 글로브 밸브 : 공 모양의 밸브몸통을 가지며 입구와 출구의 중심선이 같은 일직선상에 있으며 유체의 흐름이 S자 모양으로 되는 밸브이다.
- 슬루스 밸브 : 압력이 높은 유로 차단용의 밸브이다. 밸브 본체가 흐름에 직각으로 놓여 있어 밸브 시트에 대해 미끄럼 운동을 하면서 개폐하는 형식의 밸브이다.
- 게이트 밸브 : 배관 도중에 설치하여 유로의 차단에 사용한다. 변체가 흐르는 방향에 대하여 직각으로 이동하여 유로를 개폐한다. 부분적으로 개폐되는 경우 유체의 흐름에 와류가 발생하여 내부에 먼지가 쌓이기 쉽다.
- 이스케이프 밸브 : 관내의 유압이 규정 이상이 되면 자동적으로 작동하여 유체를 밖으로 흘리기도 하고 원래대로 되돌리기도 하는 밸브이다.
- 버터플라이 밸브 : 밸브의 몸통 안에서 밸브대를 축으로 하여 원판 모양의 밸브 디스크가 회전하면서 관을 개폐하여 관로의 열림 각도가 변화하여 유량이 조절된다.
- 콕 : 저압으로 작은 지름의 관로 개패용의 밸브로 조작이 간단하다.

21 ②

핵심 가치

㉠ 지구를 위한 친환경/순환경제 선도
㉡ 모두가 안전하고 만족하는 사회 구족
㉢ 투명하고 신뢰성 있는 거버넌스 확인

22 ③

초록여행 … 기아의 사회공헌 활동 중 하나로 장애인의 자유로운 여행을 위한 지원활동으로 운선 및 휠체어 수납이 가능하도록 개조된 카니발 차량을 제공하고, 필요한 경우 운전기사와 경비, 유류 등도 지원한다.

23 ①

② 캘린더 효과 : 일정 시기에 증시가 등락하는 현상이다.
③ 채찍 효과 : 수요정보가 전달될 때마다 왜곡되는 현상이다.
④ 쿠퍼 효과 : 금융정책 효과의 시기가 다르게 나타나는 현상이다.

24 ②

효소의 특징
㉠ 효소가 작용하는 물질을 기질이라 하며, 한 종류의 효소는 특정한 기질에만 반응하는 기질 특이성이 있다.
㉡ 효소는 적절한 pH 범위에서 활성이 크게 나타나며, 효소마다 최적 pH가 다르다.
㉢ 효소는 적절한 온도 범위(이 때 최적의 온도는 35~40℃)에서만 활성을 나타낸다.

25 ④

① 메트로폴리스 : 국가적·지역적으로 중요한 기능을 하는 도시를 메트로폴리스라고 한다. 대체로 100만 명이 넘는다.
② 메갈로폴리스 : 메트로폴리스가 띠 모양으로 연결되어 세계적으로 거대한 도시지역을 형성하는 것을 말한다.
③ 메트로폴리탄 : 대도시가 그 밖의 지역에 영향을 끼쳐 통합의 중심을 이루었을 때 그 대도시와 주변 지역을 아우르는 말이다.

26 ④

데카르트 … 1600년대에 들어 처음으로 철학 체계를 세워 서양 근대철학의 출발점이 된 창시자로, 데카르트 뒤를 이어 스피노자, 라이프니츠, 로크, 칸트 등이 근대 철학을 발전시켜 나갔다.

27 ①

멀티스폿 광고 … 쉽게 채널을 바꾸는 소비자들을 붙잡기 위한 목적으로 만들어진 것이다. 같은 내용의 광고가 반복될수록 시청률과 선호도가 하락하기 때문이다.
② 시즐 광고 : 소리를 통해 제품의 감각을 자극해서 이미지를 연상시키는 광고 기법이다.
③ 티저 광고 : 브랜드는 숨긴 채 호기심을 유발하는 광고이다.
④ 애드버토리얼 : 신문광고나 잡지광고에서 언뜻 보기에 편집 기사처럼 만들어진 논설·사설 형식의 광고이다.

28 ①

배비장전 … 조선 후기에 지어진 작자 미상의 고전소설로 판소리로 불리어진 「배비장타령」이 소설화된 작품이다. 판소리 열두마당에 속하지만, 고종 때 신재효(申在孝)가 판소리 사설을 여섯 마당으로 정착시킬 때 빠지게 되었다.

※ 우리나라의 판소리 5마당

ㄱ 춘향가 : 기생의 딸 춘향과 양반집의 아들 이몽룡 사이에 일어나는 사랑 이야기를 다룬 작품이다.

ㄴ 심청가 : 맹인으로 태어난 심학규가 무남독녀인 심청의 지극한 효성으로 눈을 뜨게 된다는 이야기로 효도, 선과 악, 인과율이 주제이다.

ㄷ 흥부가(박타령) : 심술궂은 형 놀부와 착한 아우 흥부 간의 갈등과 화해를 그린 이야기로 형제간의 우애, 권선징악, 보은, 의리 등이 주제이다.

ㄹ 수궁가(토별가, 토끼타령) : 토끼와 자라의 행동을 통하여 인간의 속성을 풍자한 이야기로 충성심과 충효심 등이 주제이다.

ㅁ 적벽가 : 중국의 소설 삼국지의 내용을 판소리로 음악화 시킨 것으로 유비가 제갈공명을 찾아가는 삼고초려부터 적벽대전 끝에 관운장이 조조를 놓아주는 내용까지로 되어있으나, 부르는 사람에 따라 다소의 차이는 있으며 「화용도」라고도 한다.

29 ①

표를 사거나 비행기를 탈 때, 여러분은 출생날짜를 증명하는 서류나 <u>유효한</u> 국제 학생증(ISIC)을 보여 주어야 한다.

① 위조된, 가짜의 ② 기이한, 이상한 ③ 유효한 ④ 비뚤어진, 부정직한

30 ④

limited 제한된 including ~을 포함하여

Eurosports를 포함하여 단지 제한된 물품들만이 <u>엄선된</u> 매장을 통해서 판매를 위해 제공될 것이다.

① 엄선된, 고급의 ② 선택 ③ 선정하는, 선택하는 ④ 선별적으로

1 ①

윤거는 트레드라고도 표현하며 좌, 우 타이어의 접지면 중심사이의 거리를 말한다.

2 ③

GDI 시스템(Gasoline Direct Injection) … SI기관에서 연료(=가솔린)를 실린더 내에 직접 분사하는 시스템을 표현한다.

3 ②

노크 센서를 장착한 엔진에서는 노킹이 일어나면 노크 센서에서 노킹을 감지하고 이 신호를 받아서 배전기의 지각 제어를 함으로써 노킹의 발생을 억제한다.

4 ④

연료펌프는 연료탱크에서 연료를 흡입하여 각 실린더로 공급하는 기계식과 전기식, 연료진공 조합식 펌프를 주로 사용한다.

5 ④

레일압력센서는 커먼레일 내의 연료 압력을 측정하여 엔진 ECU로 출력하며, 이 ECU는 이 신호를 받아 연료량, 분사시기를 조정하는 신호로 사용된다.

6 ④

조향 핸들의 회전과 바퀴 선회 차가 작아야 한다.

7 ①

앞바퀴 정렬의 요소는 캠버, 캐스터, 킹핀경사각으로 구성되어 있다.

8 ③

감광식 룸램프 … 자동차 문을 연 후 닫을 때 실내등이 즉시 소등되지 않고 서서히 소등될 수 있도록 한다.

9 ①

PRA의 역할 – 전장품보호, 고전압 회로 과전류보호, 고전압 배터리 암전류 차단 등

10 ②

연료전지 자동차에 배출되는 배출가스의 양이 내연기관 자동차보다 적다.

11 ①

지그

㉠ 개념 : 기계의 부품을 가공할 때에 그 부품을 일정한 자리에 고정하여 칼날이 닿을 위치를 쉽고 정확하게 정하는 데 쓰는 보조용 기구이다.

㉡ 지그의 종류

• 형판지그(Template jig) : 일감의 특정한 부분의 모양을 맞추어 작업할 수 있는 지그이다.

• 평판지그(Plate jig) : 일감의 크기가 작고 단순한 경우에 사용하며, 지그 본체가 평판형태로 평판 위에 위치 결정구, 고정장치, 부시 같은 요소가 있다.

• 앵글판지그 : 일감을 위치 결정면에서 직각인 구멍을 가공할 수 있는 지그로 풀리, 칼라, 기어 등을 가공하는 데 사용한다.

• 리프지그(Leaf jig) : 힌지로 고정된 리프를 열거나 닫을 수 있게 하여 일감을 넣고 빼는 일이 쉽도록 만들어진 지그이다.

• 채널지그 : 일감의 두 면 사이에 고정시키고 제3표면을 가공할 때 사용한다. 지그 다리를 설치하면 'ㄷ'자 모양의 연속된 세 개의 면을 가공할 수 있다.

• 분할지그(Indexing jig) : 일감의 원주면이나 평면에 정확한 간격으로 구멍을 뚫는 데 사용하는 지그로, 원주분할과 직선분할이 모두 가능하다.

• 다단지그 : 다축 드릴작업에 사용하는 지그로, 일감을 몇 개의 단으로 된 지그에 설치하여 제조공정에 따라 연속적인 작업을 할 수 있다.

12 ③

교번 하중은 하중의 크기와 방향이 충격 없이 주기적으로 변하는 하중으로 피스톤 로드와 같이 인장과 압축을 교대로 반복하여 작용하는 하중이다.

13 ④

관용 나사 … 파이프와 같이 두께가 얇은 곳의 누설방지 및 기밀유지에 사용하며 나사산의 각은 55°인 인치계 나사로 관용 평행 나사와 관용 테이퍼 나사로 분류할 수 있다.

14 ③

안장 키(Saddle Key)의 특징

㉠ 보스에 1/100의 기울기를 파서 홈 속에 박는다.

㉡ 접촉면의 접촉압력으로 힘을 전달한다.

㉢ 축을 가공하지 않기 때문에 축의 강도를 유지할 수 있다.

15 ②

코킹(Caulking) … 코킹은 리벳팅 작업에 있어서 기밀을 유지하기 위해 실시하며, 플러링과 유사하다.

16 ③

용접의 장·단점

㉠ 장점

• 판 두께의 제한이 없다.

• 용접이음의 효율은 100%이다.

• 구조물 제작시 대형기계가 필요없다.

• 공정수가 적고 생산비가 저렴하다.

• 작업시 소음발생이 없고 기밀성이 매우 우수하다.

㉡ 단점

• 용접시 발생한 열에 의해 재료가 변형하거나 잔류 응력이 발생한다.

• 용접 부위에 결함이 생기기 쉽고, 크랙이 발생하면 쉽게 파괴된다.

• 리벳 이음에 비해 진동감쇠능력이 부족하다.

17 ④

크랭크축(crank shaft) … 왕복운동과 회전운동의 상호변환에 사용되는 축으로, 직선운동을 회전운동으로 또는 회전운동을 직선운동으로 바꾸는 데 사용되는 축이다.

18 ②

마찰차
㉠ 두 개의 바퀴를 맞붙여 그 사이에 작용하는 마찰력을 이용하는 장치이다.
㉡ 정확한 속도비 유지가 곤란하고 전달동력이 작다.
㉢ 회전속도가 커서 기어사용이 곤란한 곳에서만 사용된다.

19 ③

스프링
㉠ 충격과 진동을 완화시킨다.
㉡ 에너지를 축적한다.
㉢ 힘의 측정에 사용된다.

20 ④

관 이음의 종류
㉠ 플랜지 이음
㉡ 신축형 관 이음
㉢ 나사식 관 이음

21 ①

기아는 '2045년 탄소중립'을 실현시키기 위해 지속가능한 에너지(Sustainable Energy), 지속가능한 모빌리티(Sustainable Mobility), 지속가능한 지구(Sustainable Planet)의 방향성을 삼고 있다.

22 ④

KIA 360 ··· 2017년 6월에 오픈한 기아의 브랜드 체험 공간을 말하며 브랜드 감성을 고객들이 체험할 수 있도록 조성된 공간이다.

23 ①

광개토대왕함 ··· KDX(한국형 구축함)의 1번함으로 상세 설계에서 건조까지 우리 기술로 만들어진 본격적인 헬기 탑재 구축함이다. 한편, 1986년부터 시작된 KDX의 결과로 광개토대왕함, 을지문덕함, 양만춘함 등이 구축되었다.
② 이종무함 : 다섯 번째로 진수(進水)한 잠수함이다.
③ 김좌진함 : 네 번째로 진수(進水)한 잠수함이다.
④ 장보고함 : 한국 최초의 잠수함이다

24 ④

생산자 물가지수 … 기업 간 중간거래액을 포함한 총거래액을 모집단으로 하여 조사대상 품목을 선성하였기 때문에 원재료, 중간재 및 최종재에 해당되는 품목이 혼재되어 있어 물가변동의 중복계상 가능성이 크다고 할 수 있다.

① 디플레이션 : 물가가 하락하고 경제활동이 침체되는 현상을 말한다.
② 인플레이션 : 물가가 지속적으로 상승하는 현상을 말한다.
③ 소비자 물가지수 : 소비자가 구입하는 상품이나 서비스의 가격변동을 나타내는 지수를 말한다.

25 ③

GUI … 그래픽 사용자 인터페이스(Graphical User Interface)로 사용자가 컴퓨터와 정보를 교환할 때, 문자가 아닌 그래픽을 이용해 정보를 주고받는다.

① Hotspot : 무선으로 초고속 인터넷을 사용할 수 있도록 전파를 중계하는 무선랜 기지국을 말한다.
② Bluetooth : 각각의 휴대폰끼리 또는 휴대폰과 Pc끼리 사진 등의 파일을 전송하는 무선 전송기술을 말한다.
④ Peer To Peer : 인터넷상에서 개인과 개인이 직접 연결되어 파일을 공유하는 것을 말한다.

26 ①

CF100 … 사용 전력의 100%를 태양력, 풍력, 수력, 지열, 원자력발전 등의 무탄소 에너지원으로 공급하는 캠페인을 말한다.

② RE100 : 기업이 사용하는 전력 100%를 재생에너지로 충당하겠다는 캠페인이다.
③ 넷 제로 : 개인이나 회사, 단체가 배출한 만큼의 온실가스를 다시 흡수해 실질 배출량을 '0(제로)'으로 만드는 것을 말한다.
④ 그린 뉴딜 : 환경과 사람이 중심의 지속 가능한 발전을 의미한다.

27 ②

① 옐로페이퍼(Yellow Paper) : 흥미 위주의 저속하고 선정적인 보도를 주로 다루는 신문을 말한다.
③ 스트리트페이퍼(Street Paper) : 신세대 문화정보지로 거리에 무가지(無價紙)로 배포되는 잡지를 말한다.
④ 지하신문(Underground Paper) : 비밀신문으로 독재국가나 피압박국가에서 체제를 비판하기 위해 발간되는 신문을 말한다.
※ 프리페이퍼의 종류
　㉠ 쇼퍼(Shopper) : 광고를 전면 게재한 지면을 특정 지역의 가정에 무료로 배포한다.
　㉡ 프리 커뮤니티뉴스페이퍼스(Free Com munity Newspapers) : 특정 지역에, 목적에 따라 정보를 전한다.

28 ③

쇼팽 … 폴란드의 낭만주의 대표적 작곡가로 어려서부터 천재적인 재능을 보이며 약 200곡이 넘는 곡을 작곡하였다.

①②④ 고전주의 대표 작곡가이다.

29 ②

gala 잔치의, 축제의, 흥겨운, 유쾌한, 화려한

작곡가와 그의 아내는 <u>절대</u> 발레공연을 보러 가지 <u>않았는데</u>, 심지어 그의 음악에 맞추어 준비된 축제공연을 위한 발레조차도 그러했다.

① 드물게, 거의 ~않는 ② 절대(결코) ~않는 ③ 가끔, 이따금, 때때로 ④ 변함없이, 항상, 늘

30 ①

chemist('s) 약국, 화학자, 약제사

약국에 도착하기도 전에 그는 약의 <u>처방전을</u> 잃어버렸다. 그래서 그는 또 다른 처방전을 받기 위해 의사에게(병원으로) 돌아가야 했다.

① 처방전 ② 영수증 ③ 치료 ④ 조리법

제4회 정답 및 해설

1 ①

전폭은 자동차의 가장 넓은 폭의 수평거리로서 사이드미러는 포함되지 않는다.

2 ` ①

② 일산화탄소

③ 탄화수소

④ 이산화질소

3 ②

대기압 센서 ⋯ 스트레인 게이지의 저항치가 압력에 비례해 변화하는 것을 이용해 압력을 전압으로 변화시키는 반도체 피에조 저항형 센서이다.

4 ③

CNG 기관의 장점은 낮은 온도에서의 시동성능이 좋다.

5 ②

기계식 독립형 연료분사펌프의 분사시기 조정은 타이밍 기어의 커플링 고정 볼트를 풀고 기어의 회전 방향으로 이동시키면 분사시기가 늦어지고, 회전 반대 방향으로 이동시키면 분사시기가 빨라진다.

6 ①

스테빌라이저 ⋯ 차량의 좌우 진동을 막아 수평을 유지하는 현가장치로 독립 현가식에 사용되고 하체 서스펜션의 좌우 휠 트러블의 편차를 막기 위함으로 궁극적으로 주행 성능과 밀접한 관계가 있는 롤링을 최소화시키는 역할을 한다.

7 ③

베이퍼록 현상을 방지하기 위해 엔진브레이크를 자주 사용하며, 엔진브레이크는 엔진의 회전을 이용한 브레이크이다. 엑셀에서 발을 떼면 회전수가 떨어지면서 자연스럽게 제동이 걸리게 되고 차량의 속도가 떨어진다. 베이퍼록 현상은 브레이크 오일 노화에 따라 발생확률이 올라가게 되므로 주행거리와 관계없이 브레이크오일을 정기적으로 교환해야 한다.

8 ③

제너 다이오드 … PN형 반도체에 불순물의 양을 증가시켜 제너 전압보다 높은 역방향 전압을 가하면 역방향으로 전류가 급격히 흐르지만 전압은 일정한 정전압이 작용한다. 자동차에서는 트랜지스터 점화장치 및 트랜지스터 발전기 조정기 등에 사용된다.

9 ①

감속할 때 전동기는 바퀴에 의해 구동되어 발전기의 역할을 한다.
감속할 때 발생하는 운동에너지를 전기에너지로 전환시켜 축전지를 충전한다.

10 ③

수소는 대체 연료 중 에너지 효율이 낮아 경제적이지 못하다.

11 ④

기계요소
㉠ 결합요소 : 볼트, 너트, 나사, 리벳, 용접, 키 등
㉡ 동력전달요소 : 축, 축 이음, 미끄럼·구름 베어링, 벨트, 체인, 로프, 기어 등
㉢ 동력제어요소 : 클러치, 브레이크, 스프링 등
㉣ 유체용요소 : 관, 관 이음, 밸브 등

12 ②

응력(Stress) … 어떤 물체에 하중이 작용할 때 그 물체 내부에 생기는 하중에 대항하는 저항력을 응력이라 한다. 재료에 발생하는 응력은 재료의 단면적과 작용 하중의 비로서 나타낸다.

13 ④

나사의 이완은 와셔, 록 너트, 세트 스쿠류 등을 사용함으로써 방지할 수 있다.

14 ①

접선 키는 축과 보스에 삼각형의 홈을 파서 두 홈을 합하면 사각형의 형상이 되어 역회전이 가능해진다.

15 ①

리벳의 분류

㉠ 사용용도에 따른 분류 : 보일러용 이음, 용기용 이음, 구조용 이음

㉡ 접합하는 방법에 따른 분류 : 겹치기 이음, 맞대기 이음

16 ①

② 접합하는 재료를 단이 다르게 겹치든지 한편의 재료 위에 다른 재료를 세우든지 해서 거의 직각으로 교차하는 두면을 용접하는 방법

③ 접합할 모재의 한 쪽에 구멍을 뚫고 판의 표면까지 용접하는 방법

④ 홈 용접이라고도 하며 모재에 홈을 가공하여 용접하는 방법

17 ③

구름 베어링의 종류

㉠ 전동체의 종류에 따른 분류

• 볼 베어링

• 롤러 베어링 : 원통 롤러 베어링, 구면 롤러 베어링, 원추 롤러 베어링, 니들 롤러 베어링

㉡ 전동체의 열수에 따른 분류 : 단열 베어링, 복열 베어링

18 ④

마찰차의 종류

㉠ 원통 마찰차 : 평행한 두 축 사이에서 동력을 전달하는 원통형 바퀴를 말한다.

㉡ 원뿔 마찰차 : 서로 교차할 두 축 사이에 동력을 전달하는 원뿔형 바퀴를 말한다.

㉢ 변속 마찰차 : 변속이 가능한 마찰차를 말한다.

19 ②

스프링 분류

㉠ 하중에 의한 분류 : 인장 스프링, 압축 스프링, 토션 바 스프링

㉡ 형상에 의한 분류 : 코일 스프링, 판 스프링, 벨류트 스프링, 스파이럴 스프링

20 ④

나사식 관이음쇠의 종류 … 유니언, 엘보, T, 크로스, 니플 등

21 ④

RE100 … 기아의 기후변화 대응 전략 중 하나로 2040년까지 전세계 사업장에서 전기에너지 사용을 100% 재생에너지로 전환하겠다는 전략이다.

22 ①

지속가능성을 위한 디자인

㉠ Leather-free : 내부에 사용되는 가죽 소재 사용을 점진적으로 중단해 나간다.

㉡ 10 Must have items : 모든 신규 모델에 사용될 10가지 지속가능한 소재를 일컫는다.

㉢ BIO Fabrication : 혁신 기술로써 자연에 더욱 가까워질 수 있도록 노력할 것이다.

23 ④

B2C … 기업과 개인 간의 거래로, 직접 거래를 하기 때문에 중간 단계의 거래가 제외되어 소비자는 할인된 가격으로 물품을 구입할 수 있는 장점이 있다.

① B2E : 기업과 임직원 간의 전자상거래를 말한다. 주로 기업들의 복리후생을 대행해 주는 서비스, 직원들에게 교육을 제공하는 서비스 등이 있다.

② B2G : 기업과 정부 간의 전자상거래를 말한다. G는 정부뿐만 아니라 지방정부, 공기업, 정부투자기관, 교육기관 등을 의미하기도 한다. 조달청의 '나라장터'가 그 예이다.

③ B2B : 기업과 기업 간의 전자상거래를 말한다. 각종 산업재뿐만 아니라 제조, 유통, 서비스 등을 포함한다.

24 ③

J커브 효과 … 환율의 변동과 무역수지와의 관계를 나타낸 것으로, 무역수지 개선을 위하여 환율 상승을 유노하더라도 그 초기에는 무역수지가 오히려 악화되다가 어느 정도 기간이 지난 후에야 개선되는 현상을 말한다.
① 피구 효과 : 임금과 가격의 변화가 현금 잔액을 통해 유효수요에 미치는 효과를 말한다. 물가가 하락함에 따라 자산의 실질가치가 상승하면서 경제주체자들의 소비를 증가되어 시장경제가 정부의 적극적인 개입 없이도 불황을 해소할 수 있다는 입장이다.
② 승수 효과 : 어떠한 변수가 변화함에 따라 다른 변수가 몇 배만큼 변화하는가를 나타내는 효과를 말한다.
④ 마샬 – 러너의 조건 : 무역수지(국제수지)를 개선시키기 위해서는 자국과 외국이 지니는 수입수요 탄력성의 합이 1보다 커야 한다는 조건을 말한다.

25 ③

비오토프 … 야생동물이 서식하고 이동하는데 도움이 되는 숲, 가로수, 습지, 하천, 화단 등 도심에 존재하는 다양한 인공물이나 자연물로, 지역 생태계 향상에 기여하는 작은 생물서식공간이다.

26 ①

세계 철학의 날 … 철학의 가치를 보존하고 철학을 통한 성찰을 위하여 유네스코가 2002년에 제정한 날로 매년 11월 셋째 주 목요일을 기념한다.

27 ②

피하주사 모형 … 미디어가 수동적이고 원자화된 수용자에게 직접적이고 강력한 효과를 발생 시킨다고 보는 관점에서 비롯된 이론이다.
③ 의제 설정 : 능동적인 수용자들은 자신의 동기나 욕구를 충족시키기 위하여 매스미디어를 활용한다는 이론이다.
④ 이용과 충족 : 매스미디어는 특정 주제를 선택하고 반복함으로써 이를 강조하여 수용자가 중요한 의제로 인식하게 한다는 이론이다.

28 ④

'피가로의 결혼'은 모차르트의 작품으로 이 외에 '마술피리', '돈 조반니'가 있다.
※ 베르디 … 19세기 이탈리아 최고의 오페라 작곡가인 베르디(Giuseppe Verdi)는 1834년 밀라노에서 최초의 오페라 '오베르토'를 작곡, 1839년 스칼라극장에서 초연하여 성공을 거두었다. 대표작으로는 '리골렛토', '오텔로', '나부코', '아이다', '라 트라비아타', '일 트로바토레', '운명의 힘' 등이 있다.

29 ④

punctuality 시간엄수 consistently 끊임없이, 항상 appointment 약속

시간엄수는 중요하다. 그래서 항상 약속시간에 늦는 사람들은 <u>분별이 없다</u>고 생각된다.

① 부지런한, 근면한 ② 친한, 친절한, 다정한 ③ 실용적인 ④ 분별(사려) 없는, 경솔한, 성급한

30 ④

at first 처음에는

나는 처음에 그녀를 좋아하지 않았지만, <u>결국</u> 우리는 좋은 친구가 되었다.

① 필연적으로, 반드시 ② 최초로, 처음에 ③ 우연히 ④ 결국, 궁극적으로

05 제5회 정답 및 해설

1 ①

언더스티어링 … 정상적으로 원을 선회할 경우 핸들각을 일정하게 하거나 선회 반지름을 일정하게 한 정상 주행에서 뒷바퀴에 발생하는 선회 구심력이 큰 경우(선회속도가 빨라질 경우)에는 차체에 원심력이 작용하기 때문에 자동차는 바깥쪽으로 나가게 되어 선회 반지름이 커지는 경향이 발생하며 이 현상을 언더 스티어링이라 한다.

2 ①

산소 센서 … 배기 매니폴드에 설치되어 배기가스 중의 산소 농도를 측정한다.

3 ①

한쪽 방향으로는 흐르지만 역방향으로는 자동적으로 폐쇄되어 흐르지 않게 되어 있는 밸브를 체크 밸브라 한다.

4 ②

낮은 온도에서의 시동성능이 좋으며, 옥탄가가 130으로 가솔린의 100보다 높다.

5 ①

플런저 스프링 … 캠의 작용에 따라 플런저가 작동되는데 캠의 작동이 끝난 후에 플런저를 복귀시키는 장치이다.

6 ④

앞바퀴를 옆에서 보았을 때 킹핀의 수선에 대해 이룬 각을 캐스터라 하며 직진성과 복원성을 부여한다.

7 ②

트램프 … 앞바퀴의 좌우가 역위상(逆位相 ; 한쪽이 올라갈 때면 한쪽이 내려감)으로 되어 상하로 뒤흔들리는 것을 말한다.

8 ③

산소 센서는 피드백 제어 센서로 유해가스 절감시 이용된다. 점화시기를 조절하는 센서로는 대기압 센서, 수온 센서, 크랭크 각 센서, 노킹 센서, 차속 센서 등이 있다.

9 ③

세이프티 스위치(안전 플러그)는 기계적인 분리를 통하여 고전압 배터리 내부 회로를 연결 또는 차단하는 역할을 한다.

10 ②

화재 시 물을 이용하여 불을 끄는 것은 위험하며, 전기 화재는 ABC 소화기를 사용한다.

11 ①

② 평면각 ③ 각속도 ④ 각가속도

12 ②

크기의 순서는 극한 강도 > 탄성 한도 > 비례 한도이므로 극한 강도가 가장 크다.

13 ①

리드 = 줄수 × 피치

14 ③

코터

㉠ 축 방향으로 작용하는 인장력이나 압축력을 전달한다.
㉡ 2개의 축을 연결하는 체결용 요소이다.
㉢ 로드(Rod), 소켓(Socket), 코터(Cotter) 3가지로 구성되어 있다.

15 ①

리벳 이음의 파괴

㉠ 리벳에 전단 하중이 작용하여 파괴되는 경우

㉡ 리벳구멍 사이의 강판이 파괴되는 경우

㉢ 강판이 압축되어 파괴되는 경우

㉣ 리벳구멍 사이의 강판이 파괴되는 경우

16 ③

① 전류의 과대 또는 아크를 짧게 유지하기 어려운 경우 모재 용접부가 지나치게 녹아서 홈 또는 오목한 부분이 발생하는 현상

② 비드 표면을 소성 변형시켜 응력을 제거함과 동시에 변형을 고정하는 것

④ 전류와 아크의 과대, 또는 용접봉의 결함 등에 의해 모재의 용접 부위에 용융 금속이 튀겨서 묻는 현상

17 ②

윤활제의 구비조건

㉠ 유성이 좋을 것

㉡ 인화점이 높고 발화점이 높을 것

㉢ 적당한 점도를 가질 것

㉣ 가격이 저렴할 것

㉤ 화학적으로 안정하고 고온에서 변질되지 않을 것

18 ②

원주피치 … 이의 크기를 정의하는 가장 확실한 방법이며, 피치원 둘레를 잇수로 나눈 값으로 이 값이 클수록 이는 커진다.

19 ④

코일 스프링 … 단면이 둥글거나 각이 진 봉재를 코일형으로 감은 것을 말하며, 스프링의 강도는 단위 길이를 늘이거나 압축시키는 데 필요한 힘으로 표시하는데 이것을 스프링 상수라 하고, 이 스프링 상수가 클수록 강한 스프링이다.

20 ②

밸브의 종류

㉠ 니들 밸브 : 유량을 작게 줄이며, 작은 힘으로 정확하게 유체의 흐름을 차단할 수 있다.

㉡ 글로브 밸브 : 유체의 입구와 출구가 일직선으로 유체의 흐름을 180° 전환할 수 있다.

㉢ 앵글 밸브 : 유체의 입구와 출구가 직각으로, 유체의 흐름을 90° 전환할 수 있다.

21 ②

기아의 기업비전 ⋯ Sustainable Mobility Solution Provider(지속가능한 모빌리티 솔루션 프로바이더)

22 ④

기아의 PBV 전용 모델 라인업 계획

㉠ Mid PBV : 다양한 비즈니스 대응 및 확장성을 고려한 중형급 PBV로 자율주행이 가능한 로보택시 모델 개발 및 상용화

㉡ Large PBV : Mid PBV 대비 공간 확대 및 물류 및 셔틀 등 비즈니스 유즈 케이스(Use Case)를 더욱 확대

㉢ Small PBV : 낮은 TCO 기반 도로 주행에 최적화된 PBV 모델로 딜리버리 및 카셰어링 고객니즈에 대응

23 ③

권력분립이론 ⋯ 17 ~ 18세기 자연법사상의 산물로, 로크에 의하여 처음으로 주장되었다. 그는 「통치 2론」에서 국가권력을 입법권·집행권·동맹권의 셋으로 나누었으나, 이는 군주와 의회의 권한을 대립시킨 2권 분립이다. 이 이론을 프랑스의 몽테스키외가 「법의 정신」에서 3권 분립론으로 완성하였다.

① 로크(Locke) : 경험론을 주장한 영국의 철학자이다.

② 루소(Rousseau) : 인간의 자유와 평등을 주장한 프랑스 사상가이자 소설가이다.

④ 보댕(Bodin) : 근대적 국가론을 주장한 프랑스 정치 철학자이다.

24 ③

통크족 ⋯ 'Two Only No Kids'의 약칭이다. 경제수준의 향상과 각종 연금제도의 발달 등이 이들의 출현을 가능하게 하였다.

① 텔테크족 : 호텔(Hotel)과 전문직 종사자(Te chnician)가 합성된 신조어로 주로 호텔을 이용하는 전문직 종사자를 의미한다.

② 키덜트족 : 20·30대의 성인들이 어린 시절에 경험했던 갖가지 취미나 추억이 깃든 물건에 애착을 가지고 다시 구입하는 성인 분류로, 키드(Kid)와 어덜트(Adult)가 합성된 신조어이다.

④ 예티족 : 기업가적(Entrepreneurial)이며, 젊고(Young), 기술을 바탕으로 한(Tech Based) 인터넷 엘리트를 말한다.

25 ③

지구 인력권과 달 인력권 사이는 무중력 상태이다.

①②④ 우주선은 로켓의 엔진가동을 중지시키더라도 관성이 작용하여 계속 운동하므로 달까지 도달할 수 있게 된다.

26 ②

계절풍 기후 … 한국·일본·중국·동남아시아 등 계절풍의 영향을 받는 지역의 기후로, 몬순기후라고도 하며, 우리나라 여름에는 남동 계절풍의 영향을 받아 고온다습하며, 겨울에는 북서 계절풍의 영향을 받아 한랭건조하다.

① 해양성 기후 : 대륙성 기후에 비하여 기온의 일변화와 연변화가 적고 연교차 또한 적다.

③ 대륙성 기후 : 대륙지방의 영향을 강하게 받는 기후로 겨울에는 고기압이 발달하여 맑은 날이 많고 바람이 약하지만 여름에는 기압이 낮아서 비가 내리는 일이 잦다.

④ 열대우림 기후 : 열대기후 중 건기 없이 매월 강수량이 풍부한 기후를 말한다.

27 ④

70세를 이르는 한자어에는 從心(종심) 외에 古稀(고희)가 있다.

28 ①

② 패닝 : 빠르게 움직이는 물체의 속도감을 표현하기 위한 기법이다.

③ 핸드 헬드 : 생동감과 현장감을 표현하기 위해 카메라를 손에 들고 촬영하는 기법이다.

④ 매트 페인팅 : 실사 촬영이 어려운 특정 공간을 묘사하는 특수 시각효과이다.

29 ③

interpretation 해석, 설명, 통역

Joe의 진술은 오직 한 가지 해석의 여지만 있는데, 그가 무엇을 하고 있었는지 분명히 알고 있었다는 것이다.

③ admit of ~의 여지가 있다, 허락하다, 허용하다(= allow of)

④ allow for ~을 참작하다, 고려하다, 준비하다, 대비하다

30 ①

identical 똑같은, 동일한, 일란성의 as like as two peas 흡사한

꼭 닮은 저 일곱 살 된 일란성 쌍둥이 형제들은 꼭 닮았다.

상식 용어사전 시리즈
합격GO!

1 빈출 일반상식

공기업/공공기관 채용시험 일반상식에서 자주 나오는 빈출문항을 정리하여 수록한 교재! 한 권으로 일반상식 시험 준비 마무리 하자!

2 중요한 용어만 한눈에 보는 시사용어사전 1152

매일 접하는 각종 기사와 정보 속에서 현대인이 놓치기 쉬운, 그러나 꼭 알아야 할 최신 시사상식을 쏙쏙 뽑아 이해하기 쉽도록 정리했다!

3 중요한 용어만 한눈에 보는 경제용어사전 1007

주요 경제용어는 거의 다 실었다! 경제가 쉬워지는 책, 경제용어사전!

4 중요한 용어만 한눈에 보는 부동산용어사전 1300

부동산에 대한 이해를 높이고 부동산의 개발과 활용, 투자 및 부동산 용어 학습에도 적극적으로 이용할 수 있는 부동산용어사전!

자격증
기출문제
총집합!

자격증 별로 정리된
기출문제로 깔끔하게 합격하자!

기출문제로 자격증 시험 준비하자!

스포츠지도사, 손해사정사, 손해평가사, 농산물품질관리사, 수산물품질관리사, 관광통역안내사,
국내여행안내사, 보세사, 건축기사, 토목기사